Curzio Maltese

SCHEINHEILIGE GESCHÄFTE

Die Finanzen des Vatikans

Aus dem Italienischen
von Friederike Hausmann
und Petra Kaiser

Verlag Antje Kunstmann

INHALT

VORBEMERKUNG

In meiner fast dreißigjährigen Tätigkeit als Journalist habe ich den Vatikan frohen Herzens ignoriert, und daran hätte sich auch nichts geändert, wenn sich die katholische Kirche nicht plötzlich, und zwar über Gebühr, für mich interessiert hätte. Und für die anderen achtundfünfzig Millionen meiner Landsleute. In Italien nehmen Papst und Bischöfe stärker Einfluss auf das öffentliche Leben, ja sogar auf die Gestaltung einzelner Gesetze, als die Europäische Union, an die wir doch vertraglich gebunden sind. Was mich betrifft, so wollte ich mich nun endlich einmal revanchieren. Seit Jahren muss ich mir von meinen ausländischen Kollegen immer wieder das Gleiche anhören: »Selbst über drittklassige Politiker könnt ihr noch ganze Romane schreiben, aber den Einfluss der Kirche ignoriert ihr einfach. Für uns dagegen ist eine Meldung über den Papst hundert Mal wichtiger als jede italienische Regierungskrise. Der Vatikan ist zu wichtig, um ihn den Vatikan-Anhängern zu überlassen.« Entsprechend treffe ich jeden Morgen meinen Nachbarn Udo Gumpel vom deutschen Fernsehen, wenn er sich auf den Weg zum Pressezentrum des Vatikans macht. Inzwischen ist er zum Experten der Ratzinger-Theologie geworden: »Ihr habt Sankt Peter im Haus, doch bei der RAI gibt es nicht einen einzigen Bericht über den Vatikan, nur Messen und Interviews mit

Bischöfen. Sobald es einen Skandal gibt, wie beispielsweise die Fälle von Kindesmissbrauch bei Priestern, müsst ihr Dokumentationen von der BBC kaufen.« Mit dieser Art Verdrängung musste auch ich Bekanntschaft machen, als ich mit den Recherchen zur öffentlichen Finanzierung der katholischen Kirche begann: In den beinahe achtzig Jahren, die seit der Unterzeichnung des Konkordats vergangen sind, hatte sich nie jemand die Mühe gemacht, sich mit diesem Thema zu beschäftigen.

Zwar existieren viele schöne Untersuchungen über die Finanzen des Vatikans, aber fast alle stammen aus den sechziger und siebziger Jahren und beschäftigen sich fast ausschließlich mit dem Skandal um den Banco Ambrosiano und die Vatikanbank IOR, von dem noch ausführlich die Rede sein wird. Danach nahm das Interesse kontinuierlich ab und sank schließlich auf null. Viele nützliche Hinweise fand ich hingegen in den Artikeln von Ernesto Rossi aus »Il Mondo«. Dort stieß ich auch auf eine Einschätzung, die nichts von ihrer Aktualität verloren hat. In der Ausgabe vom 17. Mai 1960 schreibt Rossi: »Wenn es ums Geld geht, sind die Monsignori im Vatikan so dünnhäutig wie die Prinzessin auf der Erbse, die die ganze Nacht kein Auge zutat, weil sie den Druck durch sieben Matratzen hindurch spürte.« Während man meine Studie über Pius XII., in der ich nachweise, dass er zu den Hauptverantwortlichen des Zweiten Weltkriegs gehörte, mit Schweigen überging, reagierte der »Osservatore Romano« umso heftiger auf meine moderate Bemerkung, eine Ursache für die reaktionäre Politik der Kirche und ihr enges Bündnis mit dem Unternehmerverband Confindustria sei zweifellos auch ökonomischer Natur, denn immerhin

8

hätten der Heilige Stuhl und die religiösen Orden ihr ungeheures Vermögen massiv in Aktien der Elektroindustrie und anderer großer Konzerne angelegt, die den nationalen Markt monopolartig beherrschten. Derartige Behauptungen, so der »Osservatore Romano«, »erregen eher Mitleid als Empörung, verraten sie doch eine Geisteshaltung, der für alles, was über rein materielle Interessen hinausgeht, jegliches Verständnis fehlt und die die Realität folglich nur an ihrer eigenen Beschränktheit zu messen vermag«. Wenn es ums Geld geht, kennt die Kirche kein Pardon, und mit *dieser* Geisteshaltung hat sie dem italienischen Staat nicht erst in den letzten Jahrzehnten, sondern seit seiner Entstehung schwer geschadet.

Kirche und Staat in Italien: ein Rückblick

Die Entstehung des italienischen Nationalstaats vollzog sich im 19. Jahrhundert gegen den heftigen Widerstand der katholischen Kirche. Das war unvermeidlich. Die Anwesenheit der Kirche in ihrer »doppelten Souveränität« als geistliche und weltliche Macht – verkörpert in Rom als doppelter Hauptstadt – war und ist das größte Hindernis dagegen, dass die Italiener ein echtes staatsbürgerliches Bewusstsein entwickeln. Es erscheint jedoch an der Zeit, die Legende zu zerstören, dass die 1870 vollendete Einigung Italiens der Kirche ungeheuren materiellen Schaden zugefügt habe. Diese Legende wird von dem Staat auf der anderen Tiberseite dazu benutzt, Schuldgefühle zu erzeugen und vom italienischen Steuerzahler eine »Zwangsabgabe« einzutreiben. In Wirklichkeit bildete der italienische Staat in den vergangenen fast hundertvierzig Jahren die Hauptquelle für die Bereicherung der geistlichen Kaste. Man braucht nur daran zu denken, in welch katastrophaler Verfassung die Finanzen des Kirchenstaats vor 1870 waren und wie hoch die Schulden und Zinsen, die er an französische Banken, allen voran das jüdische Haus Rothschild, zu zahlen hatte. Im Dezember 1869, neun Monate bevor mit dem Eindringen von Soldaten durch die berühmte »Bresche an der Porta Pia« Rom erobert und damit die Einigung Italiens abgeschlossen wurde, erklärte Pius IX. auf dem Ersten Vatikanischen Konzil, von dem das Dogma der Unfehlbarkeit verkündet wurde: »Der Papst mag unfehlbar sein, aber er ist auf jeden Fall zahlungsunfähig.«

Für die Beschlagnahmung des vatikanischen Eigentums durch die liberalen Regierungen nach 1870 hat Italien seit den unter Mussolini 1929 ausgehandelten Lateranverträgen mehr als genug geblutet. Diese Verträge dienten als Vorbild für alle späteren Konkordate, die die katholische Kirche (zumindest in Europa) mit (katholischen) faschistischen Diktatoren abschloss: Nach Mussolini (11. Februar 1929) in Deutschland wenige Monate nach der Machtergreifung am 20. Juli 1933 mit Adolf Hitler, in Portugal am 7. Mai 1940 mit Antonio Oliveira Salazar, in Spanien am 27. August 1953 mit Francisco Franco.

Die katholische Kirche hat sich in einem schmerzhaften Reflexionsprozess von ihrer Unterstützung für das Vordringen von Faschismus und Nationalsozialismus im Europa der zwanziger und dreißiger Jahre distanziert. (Auch wenn Hitlers *Mein Kampf* nach wie vor nicht auf dem Index der verbotenen Bücher steht.) Sie hat jedoch stets dafür gekämpft, die wichtigsten Ergebnisse aus diesem »Pakt mit dem Teufel« aufrechtzuerhalten. Wer sich die Mühe macht, die finanziellen Vereinbarungen des Konkordats zu studieren, versteht die Gründe für dieses Verhalten.

Das am 11. Februar 1929 von Kardinal Gasparri und Mussolini unterzeichnete Konkordat besteht aus drei Dokumenten: einem Vertrag, einem Konkordat im eigentlichen Sinn, d. h. einem Staatskirchenvertrag, und einer Finanzvereinbarung. Die Vereinbarung beginnt mit folgender Präambel: »In Anbetracht einerseits des ungeheuren Schadens, den der Heilige Stuhl durch den Verlust des Patrimonium Petri, bestehend aus dem ursprünglichen Kirchenstaat und dem Besitz kirchlicher Einrichtungen, erlitten hat, andererseits der wachsenden Bedürfnisse der Kirche allein in der Stadt Rom, und bei gleichzeitiger Berücksichtigung der finanziellen Lage des Staates und der wirtschaftlichen Verhältnisse des italienischen Volkes besonders nach dem Kriege, hat der Heilige Vater seine Entschädigungsforderung auf das unbedingt Notwendige beschränkt und eine Summe, teils in bar, teils in Papieren, gefordert, die weit unter derjenigen liegt, die der Staat an den Heiligen Stuhl bis heute hätte zahlen müssen, wenn er auch nur die durch das Gesetz vom 13. Mai 1871 eingegangenen Verpflichtungen erfüllt hätte.«

Durch das genannte Gesetz hatte der junge italienische Nationalstaat mit dem Papst Frieden schließen wollen. Doch der damalige Papst Pius IX., der sich im Vatikan verschanzt hielt und sich als politischen Gefangenen betrachtete, lehnte die Vereinbarung strikt ab und bezeichnete sie als »ungeheuerliches Machwerk revolutionärer Gesetzgebung«. Das, was Pius XI. sechzig Jahre später dann als das »unbedingt Notwendige« betrachtete und von Mussolini auch erhielt, waren: 750 Millionen Lire in bar und 1 Milliarde Lire in zu fünf Prozent verzinslichen, kurzfristig einlösbaren Papieren. Dazu kam die jährliche Apanage des Papstes in Höhe von 3 225 000 Lire, zu der sich der italienische Staat schon in dem Gesetz von 1871 verpflichtet hatte, das vom Vatikan ja eigentlich abgelehnt worden war. Um eine genauere Vorstellung von diesem »unbedingt Notwendigen« zu geben, sei daran erinnert, dass der gesamte italienische Staatshaushalt 1929 nur 20 Milliarden Lire betrug.

Durch den Staatskirchenvertrag erhielt der Heilige Stuhl auch die Anerkennung als souveräner Staat und Privilegien verschiedenster Art: Steuerbefreiung sowohl für die Bewohner als auch für das Eigentum des Vatikans; Zollfreiheit für alle Importwaren; diplomatische Immunität und andere Privilegien für die vatikanischen Diplomaten und die beim Heiligen Stuhl akkreditierten Vertretungen; den Bau eines Bahnhofs im Vatikan auf Kosten des italienischen Staates; die Erlaubnis zur Einrichtung eines Radiosenders; die Einführung des katholischen Religionsunterrichts an allen weiterführenden staatlichen Schulen und den Verzicht des italienischen Staates auf eine eigene Gesetzgebung in Sachen Eheschließung.

Damit war die Großzügigkeit Mussolinis gegenüber dem Vatikan noch keineswegs erschöpft. Im September 1935 führte seine Regierung eine Sondersteuer auf Dividenden ein, die zuerst zehn, später zwanzig Prozent betrug. Anfangs zahlte auch der Vatikan; er wurde aber später durch ein Rundschreiben des Finanzministeriums vom 31. Dezember 1942 von dieser Abgabe befreit. Zum damaligen Zeitpunkt besaß der Vatikan umfangreiche Aktienpakete der wichtigsten italienischen Industriebetriebe, darunter führender Eisenbahn-, Flugzeug- und Waffenfabriken. Nach Abschluss des Konkordats entwickelten sich die Finanzen des Heiligen Stuhles so glänzend, dass sich Mussolini dort für seinen Krieg gegen Äthiopien Geld lieh.

Nach dem Zweiten Weltkrieg wurde in der verfassunggebenden Versammlung heftig über das Konkordat gestritten, bis es schließlich als Artikel 7 in das Grundgesetz der Republik aufgenommen wurde. Hier ist nicht der Ort, ein Geschehen im Einzelnen zu verfolgen, über das Historiker Tausende von Seiten verfasst haben. Der von Piero Calamandrei angeführte Widerstand der liberalen Minderheit gegen die Übernahme des Konkordats scheiterte an der Realpolitik der Kommunisten, die einen Kompromiss mit den Christdemokraten suchten: In Italien läuft es immer auf Don Camillo und Peppone hinaus.

1978 bezeichnete der Verfassungsgerichtshof das Konkordat als »internationalen Vertrag«, der somit nicht Gegenstand eines Volksentscheids werden kann. Damit ist das Konkordat zu einer Art Dogma geworden. Gegenüber der UNO, der Europäischen Union und dem italienischen Staat verfolgt der Vatikan seither eine ganz pragmatische Linie. Der Sekretär des Vatikans für die Beziehungen zu anderen Staaten, Monsignor Giovanni Lajolo, hat dafür die Formulierung geprägt, es gehe darum, »stets die Anerkennung der öffentlichen Dimension der religiösen Freiheit durchzusetzen«. Die öffentliche, nicht die private Dimension. Nach diesem Konzept ergeben sich aus dem Konkordat Pflichten des Staates gegenüber der katholischen Religion, weil sie eine

»öffentliche Dimension« besitzt, und das heißt nichts anderes als staatliche Subventionen durch direkte Finanzierung und Steuerbefreiungen. Für mich und für Millionen meiner Mitbürger bedeutet diese »öffentliche Dimension« des Katholizismus, dass wir die Kirche gezwungenermaßen mit unseren Steuern finanzieren und eine absurde »Kirchensteuer« entrichten müssen. Auch wenn ich immer der Meinung war, in einem Staat zu leben, in dem die Trennung von Kirche und Staat gilt.

Beim Schreiben dieses Buches habe ich mich am Pragmatismus der Kirche orientiert, d. h. ich habe alle prinzipiellen Überlegungen zur Laizität des Staates beiseitegelassen, um mich ganz auf den Aspekt der ökonomischen Privilegien zu konzentrieren. Ich bin davon überzeugt, dass in einem Staat, der sich als demokratisch versteht, die Trennung von Kirche und Staat streng eingehalten werden muss. In diesem Punkt stimme ich voll und ganz mit der Analyse des großen Verfassungsrechtlers Sergio Lariccia überein, nach dessen Worten Italien, was den Schutz der Religionsfreiheit betrifft, nicht als vollgültige Demokratie bezeichnet werden kann: »Denn 1.) ist das Prinzip der Laizität der republikanischen Einrichtungen nicht garantiert; 2.) ist die Gleichheit der Bürger und Religionsgemeinschaften vor dem Gesetz nicht gewahrt; 3.) wird nicht allen Religionsgemeinschaften die gleiche Freiheit gewährt. (Dieser Gleichbehandlungsgrundsatz wird immer dann verletzt, wenn einem Bekenntnis die ›Möglichkeit zu noch mehr Freiheitsentfaltung‹ eingeräumt wird und sich dadurch die Freiheit in ein Privileg verwandelt).«

Dennoch habe ich mich in diesem Buch ganz auf den

konkreten Aspekt, auf das Geld konzentriert, denn hier liegt m. E. der Kern des Problems, der gordische Knoten. Damit wollte ich auch vermeiden, ideologisch zu argumentieren und bekannte antiklerikale Thesen zu wiederholen. Ich respektiere den katholischen Glauben und werfe das Verhalten von Geistlichen, vor allem wenn sie Geschäfte und Politik betreiben, nicht mit den Werten des Katholizismus in einen Topf. Es ist schließlich nicht schwierig aufzuzeigen, dass von Judas Ischariot angefangen bis hin zu den großen italienischen Finanzskandalen der Nachkriegszeit, in die der Vatikan verwickelt war, die Männer der Kirche, denen die Kasse anvertraut war, selten das in sie gesetzte Vertrauen verdient haben. Was jedoch Misstrauen erregt, ist, wie empfindlich die katholische Kirche reagiert, sobald die materiellen Aspekte ihrer Privilegien infrage gestellt werden, und mit welchem Eifer sie dies zu verhindern sucht.

Dieses Buch verfolgt also ein bescheidenes Ziel: Es will darüber aufklären, wie die öffentliche Finanzierung der »ehemaligen« Staatsreligion funktioniert. Es ist kein Antikirchenbuch, auch wenn daran nichts Schlimmes wäre. Hier geht es nicht um moralische oder ideologische Fragen, sondern nur um Zahlen. Kein Wort zu mehr oder weniger reißerischen Themen, die »sich gut verkaufen« und sonst viele kirchenkritische Publikationen füllen, wie etwa Fälle von Pädophilie oder die Enthüllungen früherer Mitglieder des Opus Dei.

Nach meiner persönlichen Überzeugung ist der Dialog zwischen Laizisten und Katholiken eine tragende Säule der italienischen Kultur, und nicht der irrelevante Streit zwischen »links« und »rechts«. Alle grundlegenden Informationen, die in diesem Buch verwendet wurden, stammen aus katholi-

15

schen Quellen, mit Ausnahme der unverzichtbaren Arbeiten von Carlo Pontesilli und Maurizio Turco, die sich seit Jahren mit den Kosten der Kirche beschäftigen. Als Laizist erkenne ich das Recht der Katholiken an, sich zu moralischen Themen zu äußern, wie und wann sie wollen, und ich respektiere dieses Recht. Ich weiß aber auch, dass die Freiheit eines Laizisten in diesem Land weniger zählt als die eines Katholiken. Ein Laizist darf niemanden aufgrund von persönlichen Vorurteilen beleidigen, er darf sich nicht in das Privatleben anderer einmischen und deren sexuelle Vorlieben verurteilen, geschweige denn die Gesetze boykottieren oder anderen Straftaten zur Last legen, die sie nicht begangen haben. Zum Beispiel darf er nicht behaupten, die Kirche »stehle« öffentliches Geld. Ein Katholik hingegen darf andere beleidigen, weil sie Juden, Muslime oder Homosexuelle sind, er darf Mediziner auffordern, das Gesetz über Schwangerschaftsabbrüche zu boykottieren, und Frauen, die ein gesetzlich geregeltes und durch Volksabstimmung beschlossenes Verfahren für sich in Anspruch nehmen, als »Mörderinnen« bezeichnen. Es wäre im Übrigen interessant zu erfahren, ob ein muslimischer Arzt, der eine Abtreibung verweigert, mit katholischen Ärzten auf eine Stufe gestellt würde.

Das herrschende kulturpolitische Klima scheint freilich weniger denn je geeignet, das Finanzgebaren der Kirche zu hinterfragen. Wie es um dieses kulturpolitische Klima in Italien derzeit bestellt ist, möchte ich, bevor ich zu meinem eigentlichen Vorhaben komme, an einem einzigen Beispiel erläutern.

INTERMEZZO:
DER FALL SAPIENZA

Als sich die Kirchenhierarchie im Frühjahr 2007 auf die Regierung Prodi einzuschießen begann und es in allen Nachrichtensendungen plötzlich von Soutanen nur so wimmelte, war ich von der Massivität der täglichen Angriffe doch überrascht. Ich konnte mir nicht erklären, warum die Kirche derart schweres Geschütz auffuhr. Damals wandte ich mich an einen Freund, der selbst Priester ist und dessen Meinung ich sehr schätze. Einer von denen, die ihr Leben dem Kampf gegen Armut, Ignoranz und die Mafia geweiht haben, wie ich es nie könnte. In seinem lakonischen Ton gab er mir zur Antwort: »Die Bischöfe machen Politik. Die Mitte-Links-Regierung geht ihnen gegen den Strich, und deshalb werden sie alles daransetzen, sie zu stürzen. Du wirst schon sehen, sie werden Prodi den Todesstoß versetzen.«

Mit einer Naivität, die ich inzwischen verloren habe, fragte ich mich damals nach den Gründen für so viel politischen Hass auf den doch so katholischen Romano Prodi und eine Mitte-Links-Regierung, die in puncto Laizität eher gemäßigte Positionen vertrat und den christlichen Idealen der Solidarität zweifellos weitaus näher stand als das Berlusconi-Lager. »Da geht es nicht um Hass, höchstens um den eigenen Vorteil«, lautete die Antwort. »Tatsache ist, dass die Bischöfe von den anderen weit mehr zu erwarten haben.«

An diese Worte habe ich in den verwirrenden Wochen vor dem Sturz der Regierung Prodi oft denken müssen, die dann durch den »Todesstoß« der Bischöfe endgültig zu Fall gebracht wurde. Die bekannteste Episode in diesem Zusammenhang war sicherlich der ausgefallene Papstbesuch an der römischen Universität La Sapienza. Ein Fall wie aus dem Lehrbuch, oder eher noch aus einer historischen Anthologie zum Machiavellismus; ein Lehrbeispiel dafür, wie man einen politischen Fall konstruiert.

Die Idee, Joseph Ratzinger anlässlich der Eröffnung des akademischen Jahres 2007/2008 zu einer *lectio magistralis* an die Sapienza einzuladen, stammt von Rektor Renato Guarini. Zu diesem Zeitpunkt steht der 2004 nur als »Übergangsrektor« gewählte Statistikprofessor, gegen den bei der Staatsanwaltschaft Rom wegen Begünstigung seiner beiden Töchter und des Schwiegersohns ermittelt wird, kurz vor der Pensionierung, und er möchte seine glanzlose Amtszeit an der römischen Universität mit einem spektakulären Coup – dem Besuch des Heiligen Vaters – beschließen. Diesen Plan behält er jedoch für sich, ohne den Akademischen Senat zu informieren, wie es eigentlich seine Pflicht gewesen wäre. Doch die Geheimhaltung währt nicht lange, die Nachricht verbreitet sich wie ein Lauffeuer, und der Rektor sieht sich gezwungen, einen Rückzieher zu machen. Auf der Sitzung des Akademischen Senats am 23. Oktober bestätigt Guarini zwar, dass er den Papst eingeladen hat, macht jedoch eine strategische Kehrtwende, indem er die ursprünglich geplante *lectio magistralis* flugs zu einem »Grußwort an die akademische Gemeinde« umdefiniert. Dabei steht das Vorhaben in krassem Widerspruch zur Tradition der Sapienza, denn seit ihrer Gründung vor fast siebenhundert Jahren wird der Eröffnungsvortrag von einem Mitglied des Lehrkörpers gehalten. (»Das ist wie bei der Vorstandssitzung einer großen Firma«, erklärt der Historiker Nicola Tranfaglia.) Ein Außenstehender kommt dafür nicht infrage, gleichgültig ob er nun Papst, Imam, Politiker oder Nobelpreisträger ist. Außerdem ist es keinem Universitätsrektor der ganzen Welt, einschließlich der islamischen, je in den Sinn gekommen, die Eröffnung des Akademischen Jahres einer religiösen Autorität zu überlassen – mit Ausnahme von Regensburg, wo Joseph Ratzinger aus verständlichen Gründen in seiner Eigenschaft als ehemaliger Student und Professor auftrat. Inzwischen ist die Verwirrung so groß, dass die Veranstaltung auf den 17. Januar 2008 verschoben wird. Folglich muss selbst dem Rektor aufgegangen sein, dass sein grandioser Einfall eigentlich unangemessen war, ein Adjektiv, das die Physikprofessoren später auch in ihrem Brief benutzten und dafür von den Medien sofort abgestraft wurden. Warum wäre Guarini sonst urplötzlich auf ein »Grußwort« verfallen?

Als der renommierte Physikprofessor Marcello Cini den berühmten Offenen Brief an den Rektor verfasst, der später in »Il Manifesto« abgedruckt wurde, schreiben wir schon den 14. November, und noch immer ist der Lehrkörper im Unklaren über das Programm der Eröffnungsveranstaltung, wie eindeutig aus den einleitenden Worten des Briefes hervorgeht: »Wie ich einer Meldung der Agentur Apcom entnehme, wurde das Programm für die Eröffnungsveranstaltung des Akademischen Jahres geändert ...« Einer der wichtigsten Physikdozenten ist also genötigt, auf die Meldung einer Nachrichtenagentur zurückzugreifen, um zu erfahren, was eigentlich vorgeht.

Folglich bittet Cini um Aufklärung. Hat der Rektor wirklich die Absicht, das Akademische Jahr mit einem Vortrag des Papstes zu eröffnen? Zu Recht wendet Cini ein, schon aus formalen Gründen könne man nicht mit einer Vorlesung aus einem Fach, der Theologie nämlich, eröffnen, »das seit langer Zeit aus dem Fächerkanon der modernen Universität verschwunden ist«. Dann holt er zu einem Exkurs über die Geschichte der Sapienza und die Bedeutung der Laizität für die öffentlichen Institutionen aus, dem man sicher nicht Arroganz, sondern höchstens eine rührende Naivität vorwerfen kann. Schließlich weist er den Rektor darauf hin, dass die Zeitungen, unabhängig davon, mit welcher Formel man den Besuch ankündigt, am Tag danach unweigerlich schreiben werden: *Der Papst eröffnet das Akademische Jahr an der Sapienza.* In seiner etwas weitschweifigen professoralen Art formuliert Cini nicht etwa grundsätzliche Einwände, sondern plädiert nur dafür, den Papst bei anderer Gelegenheit einzuladen. Nachdem Guarini seinen Fehler vor dem Akademischen Senat bereits eingeräumt habe, sei das Festhalten an einem Auftritt von Benedikt XVI., selbst wenn man ihn als »Grußwort« definiere, reine Bauernfängerei. Am nächsten Tag verfassen weitere siebenundsechzig Physikdozenten nach der Lektüre von »Il Manifesto« einen privaten Brief an den Rektor, in dem sie sich den Forderungen von Cini anschließen. Ein paar Zeilen nur, um sich mit ihrem Kollegen Cini zu solidarisieren, und mit dem Hinweis, dass Joseph Ratzinger noch 1990 unter Berufung auf Feyerabend den Prozess gegen Galileo Galilei als »gerecht und vernünftig«

bezeichnet hatte. Derselbe Prozess, für den sich 1992 eine von Johannes Paul II. eingesetzte Kommission unter Vorsitz von Kardinal Poupard entschuldigt hatte, nach elfjähriger Arbeit und mit dreihundertsechzigjähriger Verspätung.

Der zeitliche Ablauf ist wichtig. Als die siebenundsechzig Physikdozenten ihren Appell unterzeichnen, sind es noch zwei Monate bis zum festgelegten Termin. Zwei Monate lang lässt Rektor Guarini ihren Brief in der Schublade schmoren, antwortet weder Cini noch den anderen Professoren, und entscheidet sich damit für das gleiche – wenig demokratische – Verhalten wie gegenüber dem Akademischen Senat. Erst vier Tage vor dem schicksalsträchtigen 17. Januar wird der Brief wie von »Zauberhand« aus der Schublade geholt und an Agenturen, Presse und Fernsehen weitergeleitet.

Damit werden die nichts ahnenden Professoren zum Abschuss freigegeben. Im Handumdrehen wird aus dem begründeten und einleuchtenden Vorschlag von Cini, Papstbesuch und Eröffnung des Akademischen Jahres zu trennen, ein »Knebelversuch«, von »untragbarer Zensur« ist die Rede. Plötzlich sind die siebenundsechzig Professoren »schlechte Lehrmeister«, und der zwei Monate alte Brief an den Rektor mutiert zu einem Aufruf an die Studenten zum Aufstand. Kleine studentische Gruppen, die aus gegebenem Anlass, hier und da vielleicht mit leicht antiklerikalem Einschlag, über das Thema Laizität diskutieren, werden von Journalisten, die man in aller Eile an die »Front in der Sapienza« geschickt hat, in der Presse als paramilitärische Banden hingestellt, die nur darauf warten »loszuschlagen«. »Eine wütende Menge mit Schaum vor dem Mund«, heißt es in »Il Giornale«. Als warnendes Beispiel werden die Ereignisse vom

Februar 1977 angeführt, als der Gewerkschaftsführer Luciano Lama aus der Sapienza flüchten musste, weil es damals zu gewaltsamen Auseinandersetzungen zwischen Polizei und Autonomen gekommen war, bei denen Schlagstöcke, Steine, Tränengas und sogar eine P38 eingesetzt wurden. Trotz der Lächerlichkeit des Vergleichs geht der Medienterror so lange unvermindert weiter, bis die bereits angeschlagene Regierung Prodi schließlich reagiert. Zu einem Zeitpunkt, wo es in Neapel und Umgebung fast unmöglich ist, Ordnungskräfte zur Beseitigung der Müllberge aufzutreiben, bietet Innenminister Giuliano Amato eine Armee aus zweitausend Carabinieri und Polizisten auf, um Benedikt XVI. vor siebzig Wissenschaftlern und zweihundert Studenten mit dem altmodischen Tick der Laizität zu schützen. Und das, obwohl staatliche und kirchliche Sicherheitskräfte nach einem Ortstermin »selbst die geringste Gefahr von Attentaten oder terroristischen Aktivitäten« kategorisch ausgeschlossen hatten.

Doch selbst dieses militärische Aufgebot der Regierung – immerhin das Doppelte des italienischen Afghanistan-Kontingents – reicht nicht aus, um den Heiligen Stuhl zu beruhigen. Einen Tag vor dem geplanten Termin gibt die Pressestelle des Vatikans die Absage Benedikts XVI. bekannt. In dreißig Jahren ist es nur drei Mal vorgekommen, dass ein Papstbesuch aus Sicherheitsgründen abgesagt wurde. Zuletzt war es Johannes Paul II., der im letzten Augenblick einen Besuch absagte, aber damals waren die Reiseziele Sarajewo bzw. Beirut mitten im Bürgerkrieg.

Die Nachricht löst eine Welle der Empörung aus, und die Angriffe werden immer schärfer. Ein parteiübergreifendes Kommando bläst zur Hinrichtung der »schlechten Lehrmeister«. Da hilft es auch nichts, dass die Professoren unentwegt beteuern, ihr Protest habe sich nicht grundsätzlich gegen einen Besuch des Papstes in der Sapienza gerichtet (schließlich hatten sie bereits Johannes Paul II. problemlos empfangen), sondern ausschließlich gegen die Machenschaften des Rektors. Doch inzwischen hört ihnen niemand mehr zu, denn sie gelten als »eine Bande von Gaunern und Schurken«, als »Faschisten«, »Fanatiker«, »Gewaltanstifter«. Damit wird die ursprüngliche Rollenverteilung auf den Kopf gestellt. Plötzlich wird ein Papst, der selbst die Inquisition als »vernünftig« verteidigt, als armes Opfer der Intoleranz von Wissenschaftlern hingestellt, deren einziges Vergehen darin besteht, sich um den laizistischen Charakter der öffentlichen Bildungseinrichtungen Sorgen zu machen, und die sich dafür vom Vorsitzenden der italienischen Bischofskonferenz, Angelo Bagnasco, den Vorwurf des »laizistischen Obskurantismus« einhandeln. Rektor Guarini mutiert zum heldenhaften Vorkämpfer, der einen Dialog mit der Kirche anstrebt, daran jedoch von einer Handvoll wild gewordener Kollegen gehindert wird. Auf diese Weise degradiert man einen der besten Lehrkörper Italiens, so Massimo Cacciari, zu einer Horde von »Schwachköpfen, die für die nächsten zwanzig Jahre besser den Mund halten sollten«. »Ein paar Stümper, bestimmt weniger gebildet als Professor Ratzinger«, nach Meinung des früheren Staatspräsidenten Francesco Cossiga. Im Namen der Meinungsfreiheit wird nach einer Säuberung gerufen. Maurizio Gasparri von der Alleanza Nazionale (AN) fordert die Regierung, insbesondere den ultrakatholischen Bildungsminister Fioroni, auf, in der Physikfakultät der Sapienza »reinen Tisch zu machen«. Wen interessiert da schon, dass es sich dabei um eine von vier italienischen Fakultäten handelt, die internationalen Rankings zufolge neben Oxford und Cambridge europaweit einen der ersten Plätze belegen? Prompt legt der Akademische Senat daraufhin die (bereits genehmigte) Ernennung von Luciano Maiani, ehemaliger Direktor der CERN (Europäische Organisation für Kernforschung) und international renommierter Wissenschaftler, zum Leiter des Nationalen Forschungsrates auf Eis, weil er den »infamen Appell« unterschrieben hat.

Je weiter sich die Auseinandersetzung zuspitzt, desto mehr schwindet die Bereitschaft, sich für das kleine Häuflein aufrechter Wissenschaftler einzusetzen, das in seltener Einhelligkeit von der gesamten Nomenklatur aus Politik, Klerus und Medien unter Beschuss genommen und als »gewalttätig« abgestempelt wird. Da fragt man sich doch: Woher kommt dieses krasse Missverhältnis, diese erdrückende Übermacht, wie ist es möglich, dass ein Grundwert wie die Laizität auf derart einhellige Ablehnung stößt? Laizität wohlgemerkt, nicht etwa »Laizismus«. Denn in Italien ist jede Polemik rein nominalistisch: Da reicht es, den Argumenten der anderen Seite ein Etikett aufzukleben, und die Sache ist gelaufen. Sicher ist jedenfalls, dass der Manipulation im »Fall Sapienza« Vorschub geleistet wurde durch das kulturelle Klima in einem Land, in dem der Hass auf Intellektuelle, vor allem Wissenschaftler, weitverbreitet ist. Von allen westlichen Ländern geben wir am wenigsten für Forschung aus, dafür aber mehr als alle anderen für die Finanzierung der Kirche; wir exportieren kluge Köpfe und importieren Heilige und Magier. Bei uns ist die Empörung groß, wenn eine Fernsehmoderatorin durch politische Beziehungen zu ihrem Posten kommt, während bei einem Chefarzt kein Hahn danach kräht. Bei allen Fragen von nationaler Bedeutung – ob erneuerbare Energien oder Müllbeseitigung, die Brücke nach Sizilien oder die Einführung von Hochgeschwindigkeitszügen – sind die Wissenschaftler, die Spitzenkräfte des Landes, im politisch-medialen Zirkus stets die Letzten, die nach ihrer Meinung gefragt werden. Viel beliebter sind improvisierte Bürgerinitiativen, selbst ernannte Umweltschützer, Analphabeten mit Assessorenposten, Fernsehsternchen und populistische Komiker. Deshalb darf man sich nicht wundern, wenn selbst die italienischen Eliten, von Berlusconi bis Beppe Grillo, ohne Weiteres daran glaubten, dass es dem pensionierten Mediziner Professor Di Bella in seinem Provinzlabor gelungen sei, ein Mittel gegen Krebs zu entwickeln; wen interessierte da noch, dass auf der ganzen Welt Tausende von Onkologen in zahllosen Forschungszentren daran arbeiten, darunter Hunderte von zwangsweise emigrierten jungen Italienern? An der hoch ideologischen, von allen Fakten losgelösten Art, wie die Debatte über den Fall Sapienza geführt wurde, lässt sich deutlich ablesen, wie wissenschaftsfeindliche und religionsfreundliche Vorurteile in Italien Hand in Hand gehen.

Doch zurück zu den Fakten. Am Donnerstag, dem 17. Januar, findet an der Sapienza die feierliche Eröffnung des Akademischen Jahres statt, ohne päpstlichen Segen, bei strömendem Regen und in einer surrealen Kulisse. Zweitausend Ordnungskräfte, in Kampfausrüstung mit Helm und Schutzschild, überwachen die verlassenen Flure und leeren Plätze der Universität. Im Audimax bleiben viele Plätze leer, nicht einmal dreihundert Personen sind gekommen, dar unter vierzig katholische Studenten, die aus Protest ein schwarzes Band tragen. Am Eingang verteilen dreißig Aktivisten der neofaschistischen Alleanza Nazionale Solidaritätsflugblätter mit dem Papst. Angeführt von dem Berufsrevolutionär Francesco Caruso (mit Leibrente als Parlamentarier) rufen draußen dreihundert Mitglieder radikaler Gewerkschaften – darunter fast keine Studenten – blutrünstige Parolen und liefern damit der rechten Presse das gewünschte Futter.

Derweil hat die Kirchenhierarchie beschlossen, den Fall Sapienza zu nutzen, um der Regierung Prodi den Prozess zu machen. Kardinal Camillo Ruini plant, das sonntägliche Angelusgebet zu einer großen Solidaritätskundgebung für Benedikt XVI. umzufunktionieren. Am Sonntag, dem 20. Januar, gleicht der Platz vor dem Petersdom einer politischen Versammlung: zweihunderttausend Teilnehmer, darunter viele Mitglieder von Parteien und katholischen Organisationen, skandieren Parolen gegen die Regierung. In der ersten Reihe die halbe Führungsriege der Mitte-Rechts-Opposition: die ehemaligen Präsidenten von Senat und Kammer, Marcello Pera und Pierferdinando Casini, die Pressesprecher von Forza Italia und Alleanza Nazionale, Fabrizio Cichitto und Andrea Ronchi, Giovanni Alemanno von AN und Mario Borghezio von der Lega Nord. Selbstredend lässt sich das christdemokratische Urgestein Rocco Buttiglione die Gelegenheit nicht entgehen, die Regierung aufzufordern, sich umgehend für die Beleidigung eines ausländischen Staatsoberhauptes zu entschuldigen, und zwar bei Staatssekretär Monsignor Tarcisio Bertone persönlich. Bei anderer Gelegenheit, als derselbe Bertone wiederholt das italienische Steuersystem kritisierte, hatte der ausgefuchste Jurist Buttiglione diese Eigenschaft Bertones allerdings wohlweislich ignoriert. Was würde wohl passieren, wenn ein anderes Staatsoberhaupt, sagen wir Sarkozy oder Zapatero, erklären würde, in Italien sei die Steuerlast zu hoch?

Am meisten Aufsehen erregte jedoch die Anwesenheit eines Regierungsmitglieds, oder besser gesagt eines Ex-Regierungsmitglieds, Clemente Mastella. Gerade wegen der Verhaftung seiner Frau von seinem Posten als Justizminister zurückgetreten, unterstützt er zu diesem Zeitpunkt noch die Mehrheit, von der er gewählt wurde. Jetzt steht er zwischen Tausenden von Rechten, die ihm zurufen: »Clemente, stürz ihn doch! Stürz Prodi!« Einen Tag später verkündet Mastella den Austritt seiner kleinen christdemokratischen Partei Udeur aus der Regierung und besiegelt damit das Ende der Regierung Prodi. Dabei spricht er auch von der »Erleuchtung, die ihm in der Menge vor Sankt Peter« gekommen sei. Wenige Stunden zuvor hatte er sich mit dem Vorsitzenden der Bischofskonferenz, Monsignor Bagnasco, beraten, der noch am selben Tag in einem Interview erklärt, Italien sei wirklich »auf den Hund gekommen«.

Am Montagabend wirft derselbe Angelo Bagnasco der Regierung offiziell vor, sie habe von sich aus auf eine Absage des Papstbesuches gedrängt, »weil sie sich nicht in der Lage sah, seine Sicherheit zu garantieren«. Dann folgen die oben zitierten verbitterten Betrachtungen über den Boom des »laizistischen Obskurantismus« in Italien, der den Heiligen Vater geknebelt habe. Die Regierung Prodi kontert sofort mit einer offiziellen Stellungnahme, in der es heißt, »man habe den Vatikanbehörden nie nahegelegt, den Besuch Benedikts XVI. an der Sapienza abzusagen«. Weiter heißt es

27

darin: »Nach einer Sitzung des Provinzausschusses für Sicherheit und öffentliche Ordnung, an der auch Vertreter der Vatikan-Gendarmerie teilnahmen, haben sowohl der Ministerpräsident wie der Innenminister den örtlichen Behörden mitgeteilt, dass der italienische Staat die volle Garantie für die Sicherheit und den geordneten Ablauf des Besuchs des Heiligen Vaters übernehme.«

Natürlich steht hier Wort gegen Wort, und es stellt sich die Frage, wem soll man glauben, dem Kardinal oder dem Premier? Aber die nackten Tatsachen sprechen für sich. Immerhin hatte man zweitausend Sicherheitskräfte aufgeboten, die den erwarteten zwei- oder dreihundert Demonstranten gegenüberstanden. Und was den Vergleich mit dem 17. Februar 1977 betrifft, als Luciano Lama aus der Sapienza vertrieben wurde, so standen damals nur dreihundert Polizisten einer gut organisierten Menge von zehntausend Demonstranten gegenüber, die von zukünftigen Mitgliedern der Roten Brigaden angeführt wurden und zur paramilitärischen Organisation der Autonomia operaia gehörten. Was hätte die Regierung sonst noch unternehmen sollen, um den Vatikan zu beruhigen, vielleicht Fallschirmjäger oder die Luftwaffe einsetzen?

Was hingegen die These des Vorsitzenden der Bischofskonferenz betrifft, »in letzter Zeit« habe die italienische Gesellschaft zunehmend versucht, dem Papst einen »Knebel« anzulegen, so sollte man vielleicht ein paar offizielle Zahlen anführen. Vom Tag seiner Wahl, dem 19. April 2005, bis zum Tag der abgesagten Universitätsvisite, dem 17. Januar 2008, hat die Nachrichtensendung des ersten staatlichen Fernsehprogramms über Benedikt XVI. und die katholischen Amtsträger insgesamt 27 Stunden lang berichtet. Anderthalb Mal so lang wie über die Ministerpräsidenten Silvio Berlusconi und Romano Prodi (18 Stunden) und mehr als das Doppelte der Berichterstattung über die Staatspräsidenten Carlo Azeglio Ciampi und Giorgio Napoletano (13 Stunden). In den Nachrichten des zweiten Programms kam die katholische Kirche auf 20 Stunden Sendezeit, so viel wie die gesamte Regierung, fast doppelt so viel wie Berlusconi und Prodi (12 Stunden) und zweieinhalb Mal so viel wie Ciampi und Napoletano (8 Stunden). Im öffentlich-rechtlichen Fernsehen verfügt die katholische Kirche durchschnittlich über 99,8 Prozent der Sendezeit über religiöse Themen, wobei sich alle anderen Religionen die restlichen 0,2 Prozent teilen: eine eindeutige Verletzung der verfassungsmäßig garantierten Grundrechte und im Gegensatz zur Praxis in allen anderen mehrheitlich katholischen Ländern wie Spanien, Irland und Polen. An diesem Punkt kommt einem unweigerlich eine Szene aus dem Film *Lamerica* von Gianni Amelio in den Sinn, wo zwei Albaner darüber diskutieren, ob in Italien der Papst oder der Staatspräsident wichtiger ist: »Der Papst kommt viel öfter im Fernsehen, also muss er wichtiger sein.«

Klar ist jedenfalls, wie immer die Wahrheit auch aussehen mag, dass der Fall Sapienza politisch instrumentalisiert wurde, und zwar mit Erfolg. Am Donnerstag, dem 24. Januar 2008, drei Tage nach der Versammlung in Sankt Peter, verliert die Regierung Prodi ihre Mehrheit, weil die Gruppen von Clemente Mastella und Lamberto Dini, beide dem Vatikan nahestehend, ihr die Zusammenarbeit aufkündigen. Wenig später scheitert auch der Plan, zur Durchführung institutioneller Reformen eine neue Regierung unter Leitung des Senatspräsidenten Franco Marini zu bilden, als sich der zunächst aufgeschlossene Udc-Vorsitzende Pierferdinando Casini plötzlich für vorgezogene Neuwahlen ausspricht. Am gleichen Tag hatte sich Casini mit seinem »geistigen Berater« Kardinal Camillo Ruini getroffen. Damit ist der Höhepunkt einer seit Monaten und Jahren geführten Kampagne erreicht. Monate und Jahre, in denen die Amtsträger der katholischen Kirche, vom Papst bis zum einfachen Pfarrer, fast keinen Tag vergehen ließen, ohne die Arbeit der Mitte-Links-Regierung zu kritisieren, auch wenn es dabei vordergründig oft um ganz andere, nämlich moralische oder religiöse Themen ging.

In manchen Fällen nahm der Ton dabei eine polemische Schärfe an, die selbst angesichts der traditionellen Einmischungsversuche der Kirche in die inneren Angelegenheiten des italienischen Staates in Erstaunen versetzte. Zum Beispiel bei der bereits erwähnten Kritik des vatikanischen Staatssekretärs Bertone an der »übertriebenen Steuerlast«, oder als Ratzinger dem römischen Bürgermeister und Vorsitzenden des Partito democratico, Walter Veltroni, einen Vortrag darüber hielt, wie eine gute Stadtverwaltung auszusehen habe. Darin beklagte er, dass »er als Papst und Bischof von Rom den Verfall seiner Stadt mit ansehen müsse«. Dabei geht dieser Niedergang viel eher auf das Konto des Vatikans, der in der Ewigen Stadt weitaus mächtiger ist als die Stadtverwaltung, wie im Kapitel über die beiden Machtzentren links und rechts des Tiber noch zu zeigen sein wird.

Tatsächlich basiert das Verhältnis von Kirche und Staat in Italien keinesfalls auf gegenseitigem Respekt. Die Kirche kann sich in die inneren Angelegenheiten des italienischen

Staates einmischen, wann immer es ihr gefällt, während das Gegenteil durch Art. 11 des Konkordats verboten ist: »Der italienische Staat darf sich in keiner Weise in die inneren Angelegenheiten der zentralen Kirchenbehörde einmischen.« Folglich ist die Position der Kirche in moralischen Fragen unanfechtbar, sie kann staatliche Gesetze für kriminell erklären, die Steuerbelastung der Bürger kritisieren, Regionen oder Gemeinden verurteilen, wenn sie eine Gleichbehandlung von Homosexuellen erwägen; und sich dann bei der kleinsten (in Wahrheit selten vorkommenden) Reaktion auf den Schutz des Konkordats berufen. Der Vatikan ist ein ausländischer Staat, der nur auf Kosten Italiens existiert, sich dabei aber jedes Recht vorbehält, in den Teller zu spucken, aus dem er isst. Wenn ethische Fragen wie Scheidung, Abtreibung, künstliche Befruchtung und eheähnliche Gemeinschaften tatsächlich so zentral und unverhandelbar wären, müsste die Kirche sich eigentlich weigern, Zuwendungen und Steuervergünstigungen von denen anzunehmen, Staat und Kommunen nämlich, die sie als Feinde christlicher Werte verurteilt. Doch auf dieses Geld hat die Kirche nie verzichtet. Im Gegenteil, sie fordert immer mehr, und bekommt es auch.

Auf den Fall Sapienza bin ich deshalb so ausführlich eingegangen, weil auch ich ebenso wie Clemente Mastella angesichts der Menge vor Sankt Peter »eine Erleuchtung« hatte, die mich schließlich dazu veranlasste, dieses Buch zu schreiben. Die erste Fragestellung, auf die ich eine Antwort zu geben versuche, ist einfach: Aus welchem Grund hat sich die katholische Kirche in den letzten Jahren dazu entschlossen, eine Mitte-Rechts-Regierung zu unterstützen? Dass sie diese

Entscheidung getroffen hat, liegt auf der Hand und wird auch durch die Wählerwanderung belegt. In Italien wird der Anteil der praktizierenden Katholiken auf ein Drittel der Wahlberechtigten geschätzt, das sind diejenigen, die angeben, regelmäßig zur Messe zu gehen (faktisch ist die Zahl derer, die wirklich zur Messe gehen, noch geringer) oder in ihrer Stimmabgabe von der Meinung des Papstes und der Bischöfe beeinflusst zu werden. Der Prozentsatz entspricht in etwa der Zahl derjenigen, die in ihrer Steuererklärung die »acht Promille« der katholischen Kirche zusprechen. Seit der Abschaffung des Mehrheitswahlrechts 1994 wählte die eine Hälfte dieser katholischen Wählerschaft stets links und die andere rechts. Doch 2006 kam es zu einer massiven Verschiebung: Das Mitte-Rechts-Lager konnte zwei Drittel dieser Stimmen auf sich vereinigen, während auf die Linke nur noch ein Drittel entfiel. Ausschlaggebend dafür waren nach offiziellen Erklärungen die Dominanz bestimmter moralischer Themen im Wahlkampf, zum Beispiel die Rechte homosexueller Lebensgemeinschaften und unverheirateter Paare, sowie der vermeintliche Angriff auf die Familie aus dem Mitte-Links-Lager. Doch die Kirchenhierarchie benutzt moralische Themen nur, um ihre ökonomischen Interessen zu verschleiern. Denn faktisch unterscheiden sich Mitte-Rechts- und Mitte-Links-Regierung nicht so sehr dadurch, dass sie katholische oder laizistische Werte vertreten – Letztere werden ohnehin nur sehr zaghaft vertreten, zumindest im Vergleich zu anderen europäischen Ländern. Der tatsächliche Unterschied besteht vielmehr darin, wieweit man den Forderungen des Vatikans nach öffentlichen Geldern entgegenkommt.

Dabei handelt es sich um ein *do ut des* (ich gebe, damit du gibst) zwischen zwei Kasten, der politischen und der kirchlichen, die sich über die Köpfe der Bürger hinweg verständigen. Die Italiener geben mehr Geld aus, um die Kirche zu unterhalten, als für die verhasste Politikerklasse. Aber sie wissen es nicht. Weder das eine Drittel praktizierender Katholiken noch die anderen zwei Drittel. Denn im Unterschied zu allen anderen Demokratien, inklusive der traditionell katholischen Länder, basiert die Finanzierung der Religionen – in diesem Fall einer einzigen Religion – in Italien nicht auf Freiwilligkeit. Das heißt, sie basiert nicht auf freiwilligen Spenden, wie es in demokratischen Systemen seit der Zeit der amerikanischen Gründerväter üblich ist, sondern ist das Ergebnis von Absprachen zwischen Nomenklaturen, über die man sich in Schweigen hüllt. Bei allen anderen Steuern weiß der italienische Staatsbürger mehr oder weniger, welchem Zweck sie dienen. Bei der einzigartigen, äußerst ertragreichen Kirchensteuer hingegen weiß er nicht, weshalb er zahlt, ja er weiß nicht einmal, dass er zahlt.

1

DAS GELD DES BISCHOFS

Als ich 1986 bei der Italienischen Bischofskonferenz anfing, war gerade mal genug Geld da, um das Gehalt der vier Angestellten zu bezahlen.« Diese Aussage von Camillo Ruini ist keine Übertreibung. Mitte der achtziger Jahre gleichen die Finanzen der katholischen Kirche einem großen schwarzen Loch, in dem gähnende Leere herrscht. Das Budget der Bischofskonferenz beläuft sich auf weniger als 300 Millionen Lire (in fünfundzwanzig Jahren Ruini werden daraus mehr als zweitausend Milliarden). Bischofskonferenz, Vatikan und Heiliger Stuhl schreiben »rote Zahlen«. Ein Jahr später rettet nur sein Vatikanpass den Präsidenten der Vatikanbank (IOR), Monsignor Paul Marcinkus, vor der Verhaftung wegen des Zusammenbruchs des von Roberto Calvi geleiteten Banco Ambrosiano.

Doch die wirtschaftlichen Schwierigkeiten sind nur Ausdruck einer viel tiefer gehenden Krise. Die großen politischen und sozialen Kämpfe der sechziger und siebziger Jahre, die mit der erfolgreichen Volksabstimmung über Scheidung und Abtreibung ihren Höhepunkt erreichten, haben die jahrhundertealte Vormachtstellung der Kirche in der italienischen Gesellschaft erschüttert. Zum ersten Mal in der Geschichte sieht es so aus, als könnten Italien und die ganze westliche Welt auf die katholische Kirche »verzichten«. Kirchen und Sakristeien leeren sich in einem beängstigenden Tempo. Manche sagen voraus, dass die katholische Kirche das Ende des Jahrhunderts nicht überleben wird, andere halten Nostradamus' berühmten Ausspruch »tausend und nicht mehr tausend« nicht mehr für eine Ankündigung vom Tod Gottes oder vom Untergang jeder Zivilisation, sondern sehen darin einen Abgesang auf den Katholizismus.

Zur gleichen Zeit formiert sich innerhalb des Katholizismus eine konservative Bewegung, die gegen die Liberalisierungstendenzen des Zweiten Vatikanischen Konzils aufbegehrt. Großen Zulauf haben Nostalgiker, die sich Tradition und Ritus auf die Fahnen schreiben. Innerhalb wie außerhalb der Kirche wächst das Bedürfnis nach Rückbesinnung auf traditionelle Werte, wie der spektakuläre Erfolg von Opus Dei oder die Gründung der Jugendorganisation Comunione e Liberazione belegen. Plötzlich gilt der Reformgeist des Konzils als zu »links«, damit habe man der kulturellen Hegemonie der »Roten« das Feld überlassen, was dazu geführt habe, dass niemand mehr Priester werden wolle und immer weniger Menschen zur Messe gingen. Außerdem wird der Soziallehre von Johannes XXIII. und Paul VI. vorgeworfen, mit ihrem Solidaritätsgedanken ermuntere sie nur die »Extremisten« der südamerikanischen Befreiungstheologie.

Die konservativen Gruppen in der katholischen Kirche, die immer schon die Mehrheit stellten, predigen eine Rückkehr zum »wahren Glauben«. Darüber hinaus träumt man davon, eine laizistische, aber verunsicherte Gesellschaft zurückzuerobern. Nicht ganz zu Unrecht, wie die Geschichte der folgenden zwanzig Jahre zeigen sollte.

Allerdings fehlt es den konservativen Kräften zur Reali-

sierung ihres Vorhabens an zwei grundlegenden Voraussetzungen. Zunächst braucht man einen Papst, dem weniger an
der Soziallehre, dafür mehr an der Tradition gelegen ist. Fer-
ner muss die Kirche ihren ökonomischen und politischen
Einfluss zurückgewinnen, seit Jahrhunderten der entscheidende Hebel. Dazu braucht man einen, der die Finanzen der
Kirche saniert und eine parlamentarische Lobby aufbaut.
Das ist der einzige Weg, um den unseligen »linken« Theore-
tikern, die eine Kirche predigen, die die Armen vor den Reichen schützt, den Wind aus den Segeln zu nehmen.

Zu einer ersten, aufsehenerregenden Wende kommt es im
Jahre 1978, als mit Karol Wojtyla ein Pole zum Papst gewählt
wird, der im Kampf gegen den Kommunismus seine Lebens-
aufgabe sieht. Zudem verkörpert Wojtyla nicht nur eine einzigartige Mischung aus Mystiker und Politiker, sondern ist
darüber hinaus auch ein Kommunikationsgenie und ein be-
gnadeter Schauspieler. Tatsächlich ist seine Persönlichkeit
viel zu komplex, um sie auf Kategorien wie »reaktionär«
oder »fortschrittlich« zu reduzieren. Das ändert aber nichts
daran, dass die Politik der Kirche am Ende seiner Amtszeit
wieder eindeutig restaurative Züge trägt, die Traditionalisten
werden gestärkt, die Dissidenten nach und nach bis zur völligen Bedeutungslosigkeit zurückgedrängt.

Die zweite Wende, weit weniger spektakulär, jedoch keineswegs weniger wichtig, besteht darin, dass Camillo Ruini
den Vorsitz der Italienischen Bischofskonferenz (CEI) übernimmt. Als Johannes Paul II. ihn aus Reggio Emilia nach
Rom beruft, ist Ruini ein junger Bischof, von dem man in der
Öffentlichkeit nur weiß, dass er die Trauung von Flavia Fran-
zoni und Romano Prodi vollzogen hat. Doch an der Spitze

der Bischofskonferenz legt er bald beachtliche Management-
fähigkeiten an den Tag und nutzt sie zur Umsetzung einer
scharfsichtigen politischen Vision. Zu diesem Zeitpunkt hat
die Krise der großen katholischen Partei, der Democrazia
cristiana, gerade erst begonnen, doch Ruini erkennt als einer
der Ersten die Zeichen der Zeit. Meisterhaft versteht er es, die
drohende Katastrophe zu nutzen, um den gesellschaftlichen
Einfluss der Bischöfe zu steigern. In »zwanzig Jahren Ruini« –
ab 1986 ist er Sekretär, ab 1991 Vorsitzender – wird die Italienische Bischofskonferenz ökonomisch, folglich auch politisch und medial, so mächtig wie nie zuvor. Im Laufe der Zeit
meldet sich Ruini immer häufiger persönlich zu Wort,
mischt sich wie keiner seiner Vorgänger innerhalb und außerhalb des Vatikans in alle aktuellen Debatten ein, und wird
so schließlich zum einflussreichen Berater der Mächtigen
und großen Befürworter Benedikts XVI.

Seinen Aufstieg verdankt Ruini seiner Intelligenz, seinem
eisernen Willen und seinem außergewöhnlichen Organisa-
tionstalent. Doch ein weiteres Interpretationsmuster für seinen Erfolg trägt den Namen »acht Promille«. Als im Frühjahr 1990 das System in Kraft tritt, wonach 0,8 Prozent der
Einkommenssteuer (IRPEF) vom Fiskus für soziale Zwecke
einbehalten werden, sprudelt ein Geldstrom in die Kassen
der CEI, der bald auf 1 Mrd. Euro pro Jahr anschwillt. Und
Ruini avanciert zum unumstrittenen Herrscher über dieses
Geldmeer. Denn nach Abzug aller ständigen Ausgaben, wie
beispielsweise der Priestergehälter (über deren Höhe die
Bischöfe übrigens nach Gutdünken entscheiden), obliegt es
allein dem Vorsitzenden der Bischofskonferenz, mithilfe weniger vertrauter Mitarbeiter über jeden einzelnen Ausgabe-

posten zu entscheiden, von der Reparatur eines Pfarrhauses über den Aufbau einer Mission in Afrika bis zu Investitionen auf den Immobilien- und Finanzmärkten.

Von allen staatlichen Transferzahlungen an die katholische Kirche sind die »acht Promille« der Posten, der bei den Italienern am bekanntesten ist. Die Berechnung ist nicht einfach und stößt zudem kaum auf Interesse, weniger jedenfalls als der erbitterte Streit über die Kosten der Politik. Ich weiß nicht, ob man von einer parasitären »Kirchenkaste« sprechen kann, so wie man von einer parasitären »Politikerkaste« spricht. Für viele mag diese Parallelisierung vielleicht blasphemisch oder ungehörig klingen. Doch während der Beruf des Politikers in Italien wenig Ansehen genießt oder gar verachtet wird, gelten die Ansprüche des Klerus als vollkommen legitim. Tatsache ist jedenfalls, dass der italienische Steuerzahler für die Kirche mehr Geld aufwenden muss als für die Politik, und zwar nach einem noch weit weniger demokratischen System.

Inzwischen werden die jährlichen »Kosten der Politikerkaste« auf 4 Milliarden Euro geschätzt. »Die Hälfte der jährlichen Neuverschuldung«, nur »um die Politikerklasse zu alimentieren«. »Mit dieser Summe könnte man jedes Jahr ein Riesenprojekt wie die Brücke über die Straße von Messina oder den Hochwasserschutzdamm Mose in Venedig finanzieren.« So lauteten die Schlagzeilen im Gefolge des Bestsellers *La casta* (Die Kaste) von Sergio Rizzo und Gian Antonio Sella sowie seines Vorgängers *Il costo della democrazia* (Die Kosten der Demokratie) von Cesare Salvi und Massimo Villone. Auf diese skandalöse Summe kommt man, wenn man die Diäten von hundertfünfzigtausend gewählten Volksvertretern – von den Abgeordneten im Europaparlament bis zum Stadtrat der letzten Berggemeinde – addiert; dazu kommen noch Honorare für Beratertätigkeiten, Verwaltungskosten der Ministerien, Politikerpensionen, Wahlkampfkostenerstattung sowie die Finanzierung der Parteizeitungen, der dunkelblauen Dienstwagen und anderer Privilegien wie die kostenlose Bar und der kostenlose Barbier im Parlamentsgebäude Montecitorio. Im Großen und Ganzen ist die Summe von 4 Milliarden durchaus realistisch, wenn auch manche Schätzungen in polemischer Absicht vielleicht ein wenig übertrieben wirken. Eher unwahrscheinlich ist zum Beispiel, dass es tatsächlich eine halbe Million dunkelblauer Dienstlimousinen geben soll, worüber seit Jahren spekuliert wird und sich schon viele Publizisten empört haben. Es sei denn, man zählt dazu auch den Panda der Fünftausend-Seelen-Gemeinde, der den Angestellten und Technikern zur Verfügung gestellt wird, damit sie ihre Arbeit machen können.

Nach dem Prinzip der *par condicio*, der gesetzlichen Regelung zur Gleichbehandlung der Parteien, müsste man bei den Ausgaben für die Kirche den gleichen Maßstab anlegen. Doch dabei kämen ebenso sagenhafte wie ungenaue Zahlen heraus, wie sie gewöhnlich in antiklerikalen Schmähschriften und gewissen einschlägigen Websites herausposaunt werden. Nach sehr vorsichtigen Schätzungen wendet der italienische Steuerzahler jährlich ungefähr 4,5 Milliarden Euro für die Kirche auf, eine Summe, die sich aus direkten staatlichen und kommunalen Zuwendungen sowie den durch Gewährung von Steuerfreiheit entstandenen Steuerausfällen zusammensetzt. Zu den direkten Zuwendungen gehören die 1 Mrd. Euro aus den »acht Promille«, 950 Mio. für die Gehälter von 22.000

Religionslehrern (»Ein Relikt aus der Zeit des Konkordats, das eigentlich abgeschafft gehört«, so der katholische Schriftsteller Vittorio Messori) sowie weitere 700 Mio. Zuschüsse von staatlicher und kommunaler Seite für kirchliche Bildungs- und Gesundheitsdienste. Der letzte Posten ist ziemlich schwer zu überprüfen, dürfte jedoch mit Sicherheit höher liegen. Weit höher. Im Jahr 2004 beispielsweise wurden 285 Mio. Euro für die katholischen Schulen, 44 Mio. für die fünf katholischen Universitäten sowie 20 Mio. für den Biomedizinischen Campus des Opus Dei (2005 waren es schon 30 Mio.) zur Verfügung gestellt. Ein Jahr später beliefen sich die Ausgaben für nicht staatliche Schulen bereits auf 527 Mio. Euro (Rundschreiben des Bildungsministeriums 38/2005). Im Jahr 2006 stiegen die Zuwendungen an Privatschulen sogar noch weiter auf 532,3 Mio., obwohl der Bildungshaushalt insgesamt wegen allgemeiner Sparmaßnahmen zusammengestrichen wurde. Im Gesundheitswesen erhalten katholische Vertragskrankenhäuser staatliche Zuwendungen in Höhe von ca. 1 Mrd. Euro, katholische Forschungsinstitute schlagen mit 420 Mio. und Pflegeheime mit 250 Mio. Euro zu Buche.

Dabei haben wir hier nur den Teil der Ausgaben berücksichtigt, den man getrost unter dem großen Posten »Verschwendung im Gesundheits- und Bildungswesen« verbuchen kann. Weiterhin gibt es die variable Haushaltsstelle Großereignisse, vom Heiligen Jahr (3 500 Mrd. Lire) bis zur letzten Veranstaltung im Wallfahrtsort Loreto (2,5 Mio. Euro), wofür im vergangenen Jahrzehnt jährlich rund 250 Mio. Euro ausgegeben wurden. Zu diesen 2,9 Mrd. Euro direkter öffentlicher Zuwendungen jährlich müssen noch die kumulierten Steuervorteile hinzugerechnet werden. Eine endlose Liste nationaler und kommunaler Steuern. Wieder mit äußerster Vorsicht geschätzt, 400 bis 700 Mio. entgangene Grundsteuer ICI (»nicht marktgerechte« Schätzung des italienischen Gemeindetages), 500 Mio. für den halbierten Satz bei verschiedenen Steuern auf Unternehmensgewinne sowie 600 Mio. für die legalisierte Nichtbesteuerung der katholischen Tourismusbranche, die jedes Jahr für 40 Mio. Besucher und Pilger Reisen aus und nach Italien organisiert. In seinem Bestseller *Perché non possiamo essere cristiani (e meno che mai cattolici)* (Warum wir keine Christen sein können, am allerwenigsten Katholiken) schätzt Piergiorgio Odifreddi die Steuerausfälle mit 9 Mrd. Euro sogar auf das Doppelte. Dabei stimmen die beiden Berechnungen in fast allen Posten überein, bis auf die Steuerbefreiung. Da Odifreddi den Grundbesitz der Kirche auf einen Wert von »einigen Hundert Milliarden Euro« ansetzt, kommt er auf Steuerausfälle von 6 Mrd. Euro. Bei allem Respekt für den großen Mathematiker sowie für die Unberechenbarkeit (im wahrsten Sinn des Wortes) des kirchlichen Grundbesitzes gehen wir von einer weit geringeren Summe, ungefähr einem Viertel aus, das dafür jedoch relativ leicht zu belegen ist. Im Ergebnis kommen wir auf knapp 4,5 Mrd. Euro jährlich: die Hälfte der jährlichen Neuverschuldung, eine Brücke über die Straße von Messina oder der Hochwasserschutzdamm Mose in Venedig, plus eine halbe Mrd. Euro.

Obwohl sie weder gewählt noch demokratisch kontrolliert wird, kostet die katholische Kirche den italienischen Steuerzahler also mehr als das politische System. Das ist nur in Italien so, jedenfalls in diesem Ausmaß, und vor allem in dieser wenig transparenten Form. Bei diesem System wird jeder Staatsbürger automatisch zur Kasse gebeten und damit gegen das Prinzip der Freiwilligkeit einer Abgabe für die Religion (die Religionen), Grundlage jeder Demokratie, verstoßen. Wie wir bezahlen Franzosen, Spanier, Deutsche und Amerikaner »die Kosten der Demokratie«, wenn auch mit weit besseren Ergebnissen (das ist das wahre Problem). Aber kein anderes Volk bezahlt so viel, oder in einer ähnlich anormalen Größenordnung, für eine Religion.

Man könnte einwenden, dass die Italiener ihr Geld lieber den Priestern als den Politikern geben, tatsächlich wird darüber weit weniger gejammert. Zum Teil weil sie es vielleicht gar nicht wissen. Das System der »acht Promille« auf die Einkommenssteuer wurde Mitte der achtziger Jahre in der Ära »der Linken« von dem Steuerrechtler Giulio Tremonti, Berater der Regierung Craxi, eingeführt und sieht vor, dass auch die nicht ausdrücklich einem bestimmten Empfänger zugewiesenen Beträge anteilmäßig ebenfalls der katholischen Kirche zufließen. 60 Prozent der Steuerzahler machen in der Rubrik »acht Promille« kein Kreuz, doch da 35 Prozent »katholische Kirche« ankreuzen (die Alternativen sind: Staat, Waldenser, Adventisten, Freikirchliche Pfingst-Gemeinden, Juden, Lutheraner), kann sich die Bischofskonferenz fast 90 Prozent der Gesamtsumme unter den Nagel reißen. Rechtlich eine Ungeheuerlichkeit, wie der Historiker Piero Bellini bereits 1984 in »Il Sole 24 Ore« kommentierte. Aber selbst bei Kenntnis dieser Bevorzugung ist die Überzeugung doch weit verbreitet, das Geld sei bei der Kirche gut aufgehoben und bringe einen »sozialen Gewinn«: die Hälfte der jährlichen Neuverschuldung, sicher, aber schließlich sei das Geld doch gut ausgegeben, für die sinnvolle Arbeit der Priester im ganzen Land, die tägliche Mühe der Pfarrgemeinden beim Stopfen der immer deutlicher werdenden Lücken des Sozialstaates, vom Engagement in der Dritten Welt mal ganz abgesehen. Richtige Argumente. Aber wie richtig?

Das Geld in den Taschen der Kirche zu zählen ist ein hoffnungsloses Unterfangen. Doch um herauszufinden, wo das Geld der Italiener tatsächlich landet, ist es wohl legitim, als unverdächtige Quelle die Jahresbilanz der Bischofskonferenz zu zitieren. Von 5 Euro Steuergeldern gibt die Bischofskonferenz nur 1 Euro für wohltätige Zwecke in Italien und im Ausland aus (12 bzw. 8 Prozent der Gesamtsumme). Die anderen 4 Euro dienen der Eigenfinanzierung. Nach Abzug von 35 Prozent, die für die Gehälter der ca. 39.000 Priester verwendet werden, verbleiben 1,5 Mrd. Euro, die nach eigenem Ermessen innerhalb der Kirche ausgegeben werden, zumeist für allgemeine, ziemlich undurchsichtige Posten wie »Aufwendungen für Gottesdienste«, »Ausgaben für Religionsunterricht« und Aktivitäten auf dem Finanz- und Immobiliensektor. Ganz zu schweigen von einem weiteren Paradox: Gäbe es bei den »acht Promille« ein 50-Prozent-Quorum wie bei jeder Volksabstimmung, dann würde die Kirche nicht einen Euro sehen.

Seit Jahren wird in katholischen Kreisen, und zwar viel radikaler als bei den zaghaften Liberalen und Linken, couragiert, erbittert und äußerst kritisch darüber diskutiert, »wie« die Vatikanhierarchie die Zuwendungen aus den »acht Promille« einsetzt, »um die kirchliche Opposition zu beschwichtigen oder mundtot zu machen«. Ein eindrucksvolles Beispiel dafür ist das Pamphlet *Chiesa padrona* (Herrin Kirche) des Schriftstellers Roberto Beretta, der auch für die von den Bischöfen herausgegebene Tageszeitung »Avvenire« schreibt. Darin heißt es: »Wer über die Zuwendungen aus den acht Promille entscheidet, erwirbt damit eine enorme Macht, was unweigerlich auch einschneidende kirchenpolitische und theologische Auswirkungen hat.« Und weiter: »Welcher Bischof wird sich schon trauen, den Vorsitzenden der Bischofskonferenz zu kritisieren, wenn er genau weiß, dass er über kurz oder lang auf dessen Wohlwollen angewiesen ist, wenn er ein Seminargebäude oder eine Kathedrale reparieren lassen will? [...] Deshalb ist es in Italien«, so Beretta, »inzwischen so, dass die Bischöfe im Ruhestand die Einzigen sind, die sich noch offen äußern, weil sie nichts mehr zu verlieren haben ...« Blättert man in Berichten von einschlägigen Tagungen und in Berettas Buch, das vom katholischen Verlagswesen boykottiert wurde und in den katholischen Buchhandlungen nicht auslag, wird schnell deutlich, dass die Kritik am »Dirigismus« und an der »ideologischen« Verwendung der Gelder aus den acht Promille unter Gläubigen durchaus kein Einzelfall ist. Natürlich herrscht kein Mangel an »Bischöfen im Ruhestand«, von Carlo Maria Martini, inzwischen im freiwilligen Exil in Jerusalem, bis zu Giuseppe Casale, früher Erzbischof von Foggia, der den neuen Kurs folgendermaßen schildert: »Die Bischöfe äußern sich nicht mehr, sie warten nur noch auf den Input der Kirchenleitung ... Wenn es um die Ernennung eines neuen Bischofs geht, werden vorher alle befragt, Laien, Priester, Monsignori, und dann entscheiden sie doch, wie es ihnen passt, das heißt, sie nehmen irgendeinen, bloß keinen, dessen Name vorher genannt wurde.« Auch der bereits zitierte Vittorio Messori hat wiederholt den »Dirigismus«, den »Zentralismus« und die »Übermacht der Kirchenbürokratie« angeprangert. In einer seiner letzten öffentlichen Äußerungen hat auch der Jurist Alfredo Carlo Moro, Bruder des christdemokratischen, von den Roten Brigaden ermordeten Politikers Aldo Moro, eine erbitterte Kritik formuliert: »Leider müssen wir konstatieren, dass in der Kirche inzwischen ein besorgniserregender Mangel an Diskussionen herrscht, eine geradezu erschreckende Stille; von den Sitzungen der Bischofskonferenz erfährt man nur noch die Verlautbarungen des Vorsitzenden; Theologen äußern sich nur noch, wenn sie vollkommen linientreu sind, sonst schweigen sie.«

Vor zwanzig Jahren war das anders. Damals, als Camillo Ruini seine Karriere begann, hatte die Bischofskonferenz kein Geld, um ihre Angestellten zu bezahlen, die Finanzen waren durch Bankenskandale zerrüttet, die Kassen durch Zahlungen an Solidarność geleert. Der Katholizismus fühlte sich durch die Vormacht der Linken verhöhnt, von der laizistischen Presse ignoriert, aus der hedonistischen Welt des kommerziellen Fernsehens ausgeschlossen, selbst in der reformierten RAI in die Minderheit gedrängt. Die Kirche war arm, aber lebendig, quicklebendig. Und so pluralistisch, dass in ihr tausend verschiedene Stimmen Platz fanden, von den Befreiungstheologen bis zu den ultrakonservativen Gefolgsleuten eines Monsignor Lefebvre. Damals war in der Kirche vieles möglich: neu gegründete Massenbewegungen wie Comunione e Liberazione wurden anerkannt und die Antimafia-Bewegung »erfunden«, es gab die Predigten eines Kardinal Pappalardo, den heldenhaften Kampf eines Don Puglisi in Brancaccio, einem der traditionellen Mafiaviertel von Palermo, das Engagement eines Don Italo Calabrò gegen die 'Ndrangheta in Reggio Calabria. Nach zwanzig Jahren »Ruini-Kur« platzt die Kirche finanziell augenscheinlich vor Gesundheit. Der Vatikan hat das höchste Pro-Kopf-Einkommen der Welt, die Kirchenhierarchie hat so viel Gewicht, dass sie auch bei den Mächtigen des Staates Gehör findet, sie bestimmt die Themen der laizistischen Medien und hat Einfluss in allen politischen Parteien, von Alleanza Nazionale bis Rifondazione, nicht mehr bloß in einer Partei. Im Fernsehen erscheinen Mitglieder des Klerus fast so oft wie Politiker. Man prahlt mit überlaufenen Kirchenveranstaltungen, einer Multiplizierung der Heiligen und Heiligtümer, Zuschauerrekorden bei Spielfilmen über Heilige und Priester. Aber die Stimmen der Opposition sind verstummt.

Dennoch sinkt die Zahl der Gläubigen, Kirchen und Sakristeien leeren sich, der Priestermangel spitzt sich so rasant zu, dass die Zahl der Priester in zwanzig Jahren von sechzig- auf fünfzigtausend gefallen ist, religiöse Sakramente wie Hochzeit und Taufe werden immer weniger in Anspruch genommen. Wie seine Zwillingsschwester, die Politikerklasse, fällt auch der Klerus auf die illusionäre Mediengleichung »Sichtbarkeit gleich Konsens« herein. Im wirklichen Leben aber droht sich die dreißig Jahre alte, schreckliche Prophezeiung eines fortschrittlichen Theologen zu bewahrheiten: »Allmählich wird die Kirche für viele zum Haupthindernis des Glaubens. Denn sie können darin nichts anderes mehr erkennen als eine Ausgeburt menschlicher Machtgelüste, das kleine Theater von Menschen, die mit ihrem Anspruch, als offizielle Verwalter des Christentums zu gelten, offensichtlich den wahren Geist des Christentums konterkarieren.«

Dieser fortschrittliche Theologe hieß Joseph Ratzinger.

2

DIE HEIMLICHEN »ACHT PROMILLE«

In der Branche gelten die Werbespots der Kirche, die jedes Frühjahr, kurz bevor die Steuererklärung fällig wird, den Äther überfluten und von Radio und Fernsehen ausgestrahlt werden, als Erfolgsmodell. Spots der Spitzenklasse mit hervorragenden Aufnahmen, Soundtrack von Ennio Morricone und bewegenden Geschichten – manche sogar unvergesslich. Wer erinnert sich nicht an den Werbespot aus dem Jahr 2005, der sich um die Opfer der Tsunami-Katastrophe drehte? Als Einstieg ein Dorf aus improvisierten Hütten, barfüßige Fischer am Strand blicken sorgenvoll zum bedrohlich wirkenden Horizont. Stimme aus dem Off: »An diesem Tag brachte das Meer den Untergang, die riesige Flutwelle machte alles zunichte.« Schnitt, Logo der »acht Promille«: »Dann seid ihr gekommen, aus dem Nichts. Eure Unterschrift hat sich in Boote und Netze verwandelt.« Zoom auf Boote und Netze: »Boote und Netze, die Kinder ernähren und ein Lächeln hervorzaubern.« Slogan: »Mit eurem Kreuz für die katholische Kirche habt ihr viel bewegt, für viele.« Schlicht und ergreifend: ein Meisterwerk.

Für diese Werbekampagne 2005, die wie die vorhergehenden bei der multinationalen Werbeagentur Saatchi & Saatchi in Auftrag gegeben wurde, gab die katholische Kirche 9 Millionen Euro aus, das Dreifache dessen, was später an

Spenden bei den Tsunami-Opfern ankam: 3 Mio. Euro (Quelle: CEI) bzw. 0,3 Prozent der Steuereinnahmen. Dagegen spendeten die jüdischen Gemeinden im gleichen Jahr 200.000 Euro für Sri Lanka und Indonesien bzw. 6 Prozent ihrer Steuereinnahmen. Zwanzig Mal so viel, und zwar für eine Weltregion, in der es überhaupt keine jüdischen Gemeinden gibt.

Da die meisten Italiener ihre Informationen ausschließlich aus den Werbespots der katholischen Kirche beziehen, sind bestimmte Vorurteile weit verbreitet. So denken Gläubige wie Nichtgläubige, dass ihre Steuergroschen in erster Linie für wohltätige Zwecke in Italien und der Dritten Welt verwendet werden, weil diese beiden Themen 90 Prozent der Werbung ausmachen. In Wirklichkeit sieht die Verteilung jedoch ganz anders aus: Von 1 Milliarde Euro Einnahmen werden nur 20 Prozent für wohltätige Zwecke ausgegeben, während 80 Prozent bei der Kirche verbleiben und Zwecken zugeführt werden, die in den Werbekampagnen normalerweise nicht vorkommen.

Ebenso schweigt sich die Werbung wohlweislich darüber aus, dass auch das Geld derjenigen, die in ihrer Steuererklärung keinen Verwendungszweck ankreuzen – und das sind immerhin 60 Prozent –, proportional umverteilt wird. Auch davon erhält die Kirche aufgrund ihres Anteils noch einmal 40 Prozent, sodass die »acht Promille« schließlich zu 90 Prozent in die Kasse der Bischofskonferenz fließen. Eigentlich wäre es die Aufgabe des Staates, seine Bürger über dieses »steuerliche Wahlrecht« aufzuklären, das in der Welt seinesgleichen sucht. Überall sonst wäre eine solche Regelung unvorstellbar, nicht nur in Ländern mit strenger Trennung von

Staat und Kirche wie in Frankreich, sondern auch in Ländern mit einem Konkordat. In Spanien fallen Mittel aus den »fünf Promille«, die vom Steuerzahler nicht ausdrücklich zugewiesen werden, logischerweise an den Staat. In Deutschland beschränkt sich der Staat darauf, die Kirchensteuer einzutreiben, und zwar nur von den Steuerzahlern, die einer Kirche angehören und deshalb freiwillig acht oder neun Promille ihres Einkommens an die katholische, evangelische oder an andere Kirchen zahlen wollen. Das ist das System des »Kirchenzehnten«. Damit wird ein demokratisches Grundprinzip respektiert, wie es von den Gründervätern der Vereinigten Staaten, die als glühende Christen galten und es zum großen Teil auch waren, ein für alle Mal formuliert wurde. So schrieb Thomas Jefferson: »Niemand darf zur Mitgliedschaft in einer Religionsgemeinschaft gezwungen werden oder zwangsweise zur Finanzierung irgendeines religiösen Kultes, Gebäudes oder Amtes herangezogen werden.«

Das ist exakt das Gegenteil dessen, was in Italien geschieht. Hier sind die Staatsbürger, ob sie wollen oder nicht, ob sie sich dessen bewusst sind oder nicht, »gezwungen«, sich finanziell am Unterhalt nicht etwa vieler beliebiger, sondern einer einzigen Religion zu beteiligen.

Und das, obwohl der »Kirchenzehnt« überall dort, wo er angewandt wird, ökonomisch sehr gut funktioniert. Die siebenundzwanzig deutschen Diözesen gehören zu den reichsten der Welt, ebenso wie die amerikanischen, die sich ausschließlich aus Spenden der Gläubigen finanzieren. Warum also wird das Prinzip der freiwilligen Spende nicht auch in Italien eingeführt?

Diese Frage habe ich den katholischen Vertretern in zahllosen Diskussionsveranstaltungen immer wieder gestellt. Die Antwort variierte je nach Offenheit der Gesprächspartner, doch alle – Bischöfe und Journalisten, Intellektuelle und Priester – gaben mehr oder weniger immer die gleiche Antwort: »Weil man hier nicht eine Lira bekäme«, oder »sehr wenig«, oder »höchstens 100 Millionen«. Nebenbei gesagt ist selbst diese Schätzung noch entschieden zu optimistisch: Bei den freiwilligen Spenden zur Unterstützung des Klerus kommen pro Jahr nicht einmal 20 Millionen zusammen. Auf die Zahl der angeblich praktizierenden Katholiken gerechnet wäre das 1 Euro, bei 50 Millionen Katholiken, von denen in den kirchlichen Dokumentationen immer die Rede ist, käme man sogar nur auf 40 Cent pro Kopf.

Was dieselben Intellektuellen und Bischöfe jedoch nicht daran hindert, zwei Minuten später dieses System der Umverteilung mit dem Argument zu verteidigen, Italien sei nun einmal »ein Land mit stark katholischer Prägung und großer katholischer Mehrheit«, weshalb die Bürger sich durchaus ausrechnen könnten, wo die nicht ausdrücklich zugewiesenen Mittel blieben. Wer nicht protestiert, so die Argumentation, ist einverstanden: Schweigen bedeutet Zustimmung.

Erfahrungsgemäß ist es in solchen Fällen auch vollkommen sinnlos, darauf hinzuweisen, dass es ein Widerspruch ist, wenn man in einem Land mit »starker katholischer Prägung« auf Winkelzüge angewiesen ist, um den Gläubigen zur Finanzierung der Kirche Geld aus der Tasche zu ziehen, das sie freiwillig nie spenden würden. Inzwischen ist die Scheinheiligkeit eines erzkatholischen Italien – wo der Klerus verhungern würde, wenn er auf freiwillige Spenden angewiesen wäre – zu einer Art Dogma geworden.

In den achtzehn Jahren seit der Einführung dieser Zwangskollekte hat der Staat es nie für nötig gehalten, ein Wort, geschweige denn einen Werbespot darauf zu verschwenden, um diese eigenwillige, typisch italienische Art der Umverteilung hinter dem Rücken der Steuerzahler zu rechtfertigen. Darüber hinaus gilt: Wenn der Staat eines von der Kirche gelernt hat, dann ist es das Prinzip, sich niemals für die eigenen Widersprüche zu rechtfertigen. Denn als 2006 das neue System der »fünf Promille« eingeführt wurde, wonach jeder Steuerzahler die Möglichkeit hat, 0,5 Prozent seiner Einkommenssteuer (660 Mio. Euro nach Schätzung der Finanzämter) der Förderung von Forschung und gemeinnütziger Arbeit zuzuweisen, achtete man nicht nur auf absolute Freiwilligkeit, sondern legte auch äußerst strenge Auswahlkriterien für potenzielle Empfänger fest. Gleich im ersten Jahr nahmen 61 Prozent der Steuerpflichtigen diese Mitbestimmungsmöglichkeit wahr, also weit mehr als die knapp 40 Prozent, die bei den »acht Promille« von ihrer Wahlmöglichkeit Gebrach machen. Dadurch kam eine Summe von über 400 Mio. Euro zusammen. Doch mit dem Haushalt 2007 beschloss die Mitte-Links-Regierung, den Fonds auf 250 Mio. zu begrenzen. Faktisch wurden damit die »fünf Promille« auf »zwei Promille« abgesenkt. Der Überschuss wurde vom Fiskus einbehalten.

Mit der einen Hand verschenkt der Staat also 600 Mio. Euro ohne ausdrückliche Zweckbestimmung an die Italienische Bischofskonferenz, und mit der anderen behält er einfach 150 Mio. Euro ein, die ausdrücklich für Forschung und gemeinnützige Arbeit bestimmt wurden. Zwei Kästchen auf derselben Seite des berühmt berüchtigten Formblattes 730!

Folglich ist ein Kreuzchen zugunsten der Kirche oben auf der Seite ökonomisch vier Mal so viel wert wie ein Kreuzchen bei den »fünf Promille« unten auf der Seite. Warum wird hier mit zweierlei Maß gemessen?

Seit 1990 hat der Staat nicht einen Heller ausgegeben, um für sich selbst als möglichen Empfänger der »acht Promille« Werbung zu machen. Dabei wäre er der einzige Konkurrent der Kirche, der dazu außer einer moralischen Verpflichtung auch die Mittel hätte. Die anderen Kandidaten (Waldenser, Juden, Lutheraner, Adventisten, freikirchliche Pfingst-Gemeinden) verfügen nur über minimale Werbeetats, deren Verwendung im Übrigen in den Bilanzen regulär ausgewiesen wird. Nur ein einziges Mal wurde das Schweigen staatlicher Stellen (diesmal bedeutet Schweigen tatsächlich »Zustimmung«) gebrochen, und zwar von der katholischen Sozialministerin Livia Turco. Im Jahre 1996 machte sie den Vorschlag, mit dem Staatsanteil aus den »acht Promille« Projekte gegen Kinderarmut zu finanzieren. Daraufhin kam vom päpstlichen Kassenwart Monsignor Attilio Nicora die Antwort, »der Staat soll der Kirche keine unlautere Konkurrenz machen«. Ende der Debatte. Heute erinnert sich Livia Turco: »In meiner Naivität glaubte ich damals, mein Vorschlag würde überall auf Zustimmung stoßen, auch in der Kirche. Schließlich hat Italien die höchste Quote an Kinderarmut in Europa. Doch das Gegenteil war der Fall: Die Kirche war irritiert und reagierte ungemein ablehnend, woraufhin man mich politisch sofort isolierte. Die ganze Geschichte hat mich sehr verbittert.«

Danach hat die Politik nie wieder gewagt, der katholischen Kirche Konkurrenz zu machen (was umgekehrt in vielen Bereichen gang und gäbe ist), im Gegenteil, man hat die eigenen Mittel sogar so schlecht eingesetzt, dass die Kirche davon noch profitieren konnte. Im Jahre 2004 brachten die Medien groß heraus, dass die Regierung Berlusconi von den 100 Mio., die ihr aus den »acht Promille« zuflossen, 80 Mio. für Militäreinsätze, vor allem im Irak, ausgegeben hatte. Von den restlichen 20 Mio. ging fast die Hälfte (44,5 Prozent) in die Renovierung von Gotteshäusern, also wieder an die Kirche. Hätte man eine bessere Methode finden können, um die Bürger davon zu überzeugen, »die acht Promille auf keinem Fall dem Staat zu überlassen«? Nein, und es hat hervorragend geklappt: Von 1990 bis 2006 sind die Zuweisungen an den Staat von 23 auf 8,3 Prozent gesunken. Doch je unterwürfiger die Haltung des italienischen Staates, desto aggressiver gebärdete sich die Kirchenhierarchie, vor allem ihre politischen Gefolgsleute – Katholiken und frisch bekehrte Neokonservative –, die immer unverblümter darauf pochten, die Kirche habe ein historisches, ja geradezu »heiliges« Anrecht auf öffentliche Gelder, ohne sich dafür rechtfertigen zu müssen. Als im August 2007 der Verdacht aufkam, es könne sich bei den Steuervorteilen für den Vatikan um verschleierte »staatliche Hilfen« handeln, und die Europäische Kommission die Regierung Prodi um Aufklärung bat, verstieg sich ein eingefleischter Kirchenfeind wie der frühere Lega-Nord-Minister Roberto Calderoli zu dem Ratschlag an den Papst, er solle doch »die Europäische Union exkommunizieren«. Zugleich holte Rocco Buttiglione ein Argument aus der Mottenkiste, das unter Intellektuellen zwar schon Anfang des 20. Jahrhunderts verworfen wurde, aber heute wieder groß in Mode ist; danach sei die Einräumung von Privilegien »ein Ausgleich für die Konfiszierung von Besitztümern des Kirchenstaates durch den italienischen Staat«. Dabei gilt diese revanchistische Position seit dem Zweiten Vatikanischen Konzil selbst innerhalb der Kirche als überholt. So hatte Papst Paul VI. 1970 im römischen Rathaus auf dem Kapitol an den Feiern zum 100. Jahrestag der Einnahme Roms durch die italienischen Truppen teilgenommen und dabei von einem »Akt der Vorsehung« gesprochen, denn dadurch sei die Kirche von ihrer weltlichen Macht »befreit« worden, die ihrer eigentliche Mission nur im Wege stehe; Joseph Ratzinger schreibt in seinem Buch *Das Salz der Erde*: »Leider ist es in der Geschichte immer wieder vorgekommen, dass sich die Kirche nicht aus eigener Kraft von materiellen Dingen befreien konnte, sondern dass diese ihr von anderen genommen wurden; und das war am Ende ihre Rettung.«

Doch was hat die Konfiszierung der Kirchengüter mit den »acht Promille« zu tun? In dem Gesetz Nr. 222/1985, das die Einführung einer Abgabe von »acht Promille« für soziale Zwecke regelt, aber offenbar weitgehend unbekannt ist, findet sich keinerlei Hinweis auf eine »Entschädigung« für die Konfiszierung von Kircheneigentum (unter den damaligen Bedingungen wäre eine solche Argumentation undenkbar gewesen). Der Hauptzweck des Gesetzes, mit dem das faschistische Konkordat aus dem Jahre 1929 reformiert wurde, ist ganz einfach und klar: Es sollte ein Ersatz für die »congrua«, d.h. die staatliche Bezahlung der Priester, geschaffen werden. Eigentlich müsste man an dieser Stelle eine Klammer aufmachen, um eine gravierende Verletzung der Verfassung zu thematisieren, die bisher selbst von Verfassungsexperten übersehen wurde. Der italienische Staat finanziert direkt und indirekt ein Unternehmen, die Kirche, das seine Angestellten auf himmelschreiende Weise sexuell diskriminiert. Denn Priester haben Anspruch auf ein Gehalt und eine Rente, Ordensschwestern aber nicht. Die Frauen, die bei der Kirche arbeiten, erhalten keinen Euro Lohn und keinen Euro Rente. Klammer zu, zurück zum Hauptthema. Immer wieder ist im Gesetzestext vom »Unterhalt des Klerus« die Rede, sowohl im Titel wie bei den einzelnen Maßnahmen, wie z. B. der Steuerfreiheit von Spenden, die jedoch wie gesagt nur in sehr bescheidenem Umfang fließen. Darüber hinaus verpflichtete sich der Staat, in den ersten Jahren die Summe auf 407 Mrd. Lire aufzustocken, falls die eingenommenen Mittel nicht ausreichen sollten, um die Gehälter der Priester zu bezahlen. Im Gegenzug akzeptierte der Vatikan eine bilaterale Kommission, die alle drei Jahre das tatsächliche Aufkommen prüft und bei unerwartet hohen Einnahmen gegebenenfalls die Quote senkt. Nun ist es so, dass sich die Einnahmen von 1990 bis 2007 verfünffacht haben, während die Lohnkosten aufgrund der gesunkenen Priesterzahl um die Hälfte gefallen sind: von 70 auf 35 Prozent. Dennoch hat die bilaterale Kommission nie eine Anpassung beschlossen. Warum?

Ohne sich auf das Gebiet der Rechtsphilosophie vorzuwagen, kann man an dieser Stelle vielleicht die Geschichte des Kommissionsmitglieds Carlo Cardia erzählen. In den siebziger Jahren war Professor Cardia, bedeutender Jurist und Berater der kommunistischen Spitzenfunktionäre Enrico Berlinguer und Pietro Ingrao, bekannt geworden als stolzer »Verteidiger des in Italien verweigerten Rechts, Atheist zu sein« (*Ateismo e libertà religiose*, Bari 1973). Im Jahr 2001 forderte Cardia in einem Aufsatz, der vom Ministerpräsidenten veröffentlicht wurde, eine Reduzierung der »acht Promille«: »Aus den acht Promille erhält die katholische Kirche, besser gesagt die Italienische Bischofskonferenz inzwischen unvorstellbar große Summen, die jede Vorhersage weit übertreffen. Wir sprechen hier von 900–1000 Mrd. Lire pro Jahr. Das Niveau ist umso höher, als der Bedarf für den Unterhalt des Klerus die Summe von 400–500 Mrd. Lire nicht übersteigt. Das bedeutet, dass der Bischofskonferenz jährlich mehrere hundert Milliarden für eindeutig ›sekundäre‹ Zwecke zur Verfügung stehen. Wenn dieser Finanzfluss weiterhin so stark ansteigt, haben wir bald die paradoxe Situation, dass der Unterhalt des Klerus nur noch eine sekundäre Rolle spielt.« Perfekte Vorhersage. »All das«, so Cardia, »führt zu einer völligen Verzerrung bei der Verwendung der Mittel durch die katholische Kirche, und es stellt sich, allgemeiner gesprochen, erneut das Problem einer widersinnigen öffentlichen Finanzierung, die leicht gegen den Verfassungsgrundsatz der Trennung von Kirche und Staat verstoßen könnte.«

In der Zwischenzeit schreibt Professor Cardia auch für »Avvenire«, das Blatt der Bischöfe, und seine Themen haben sich verändert: So glorifiziert er das Verhältnis der jungen Leute zu Benedikt XVI., bekämpft eheähnliche Lebensgemeinschaften, begeistert sich für den Familiy Day. Natürlich hat jeder das Recht, seine Meinung zu ändern. Doch wenn man dies ausgerechnet im Blatt der Bischöfe kundtut, ist es dann noch angebracht, weiterhin der Regierungskommission anzugehören, die darüber entscheidet, wie viel Geld der Staat denselben Bischöfen zur Verfügung stellt? In einem Leitartikel für »Avvenire« bezeichnete Professor Cardia die

Untersuchung über die Kosten der Kirche polemisch als »eine der größten Desinformationskampagnen der letzten Jahre« und verwahrte sich ohne jedes inhaltliche Argument gegen den »ungehörigen« Vergleich zwischen katholischem Klerus und »Politikerkaste«. Dann wieder erklärte derselbe Cardia am 20. Februar 2008 in einem Interview: »Angesichts des enormen Steueraufkommens könnte man die Quote von acht auf sieben Promille senken. Zumal seit 1984 niemand mehr daran gerührt hat, außer zu politischen Kontroversen.«

Ebenso abwegig und für jeden laizistisch eingestellten Bürger peinlich ist die offensichtliche Diskriminierung der anderen zugelassenen Konfessionen. Mit seiner einseitigen Begünstigung der katholischen Kirche verletzt unser Staat dabei nicht nur kontinuierlich den verfassungsmäßig geschützten Religionspluralismus, sondern geht sogar so weit, etwa 90 Prozent der erwarteten Einnahmen im Voraus an die Bischofskonferenz zu überweisen, während alle anderen ihren Anteil erst mit dreijähriger Verspätung bekommen. Doch damit nicht genug. Zum Beweis für das reibungslose Funktionieren des Mechanismus verwies der zuständige Minister Vannino Chiti bei einer von den Radikalen beantragten Anhörung im Juli 2007 auf »die Tatsache, dass inzwischen auch die Waldenser ihren Anteil an den nicht ausdrücklich zugewiesenen Mitteln beantragt und erhalten haben«. Beantragt ja, erhalten nein. Dazu sagte mir die »Moderatorin« der Waldensertafel Maria Bonafede bei einem Treffen in ihren bescheidenen Räumen in der Nähe des Bahnhofs Termini: »Ursprünglich hatten wir aus ethischen Gründen auf unseren Anteil an den nicht zugewiesenen Mitteln verzichtet. Doch angesichts der staatlichen Verwendung der Mittel haben auch wir im Jahr 2000 einen entsprechenden Antrag gestellt. Aber wir werden immer vertröstet. Wenn unser Antrag heute bewilligt würde, bekämen wir das Geld erst im Jahr 2010.« Für das Jahr 2006 erhielten die Waldenser etwa 5,7 Mio. Euro, doch eigentlich würden ihnen mehr als 13 Mio. Euro zustehen. Die Differenz behält der Staat. Die Waldenser nutzen ihren Anteil zu 94 Prozent für wohltätige Zwecke und den Rest für Werbung. Die waldensischen Pastoren bestreiten ihren Lebensunterhalt aus Spenden. Das Grundgehalt ist für alle Angestellten, von der Moderatorin bis zum einfachen Pastor, gleich und beträgt 650 Euro im Monat. Dazu erklärt Maria Bonafede: »Die Gelder der ›acht Promille‹ kommen aus der Gesellschaft, und dahin sollen sie auch wieder zurückfließen. Wenn eine Kirche mit freiwilligen Spenden nicht überleben kann, ist das ein Zeichen, dass Gott an ihrem Überleben nicht interessiert ist.«

3

DER KREUZZUG GEGEN
DIE GRUNDSTEUER

Eine traumhafte Terrasse im Herzen des barocken Rom, mit Blick auf die französische Botschaft und die Dachterrasse des früheren Berlusconi-Ministers Cesare Previti, daneben der Kirchturm von Santa Brigida.

Das ist nur einer der Vorzüge des Hotels an der Piazza Farnese, das vom Birgittenorden betrieben wird. »Ein herrlicher Palast aus dem 15. Jahrhundert«, so heißt es in dem Prospekt des Hotels, das auf den Websites der Tourismusbranche mit fünf Sternen klassifiziert und in den Besucherblogs wärmstens empfohlen wird. Vor allem Amerikaner loben das ausgezeichnete Preis-Leistungs-Verhältnis und die fürsorgliche Betreuung durch die Ordensschwestern. »Sie sprechen alle englisch und können gratis Eintrittskarten für die Papstaudienzen besorgen«, so ein begeisterter Hotelgast aus Singapur in dem Internetportal Trip Advisor (»lies die Beurteilungen und vergleiche die Preise«).

Das einzige Problem sei, so heißt es, ein freies Zimmer zu finden. Denn im Gegensatz zu der fast immer leeren Kirche Santa Brigida ist das dazugehörige Hotel fast immer voll. Doch die Zimmerreservierung ist ganz einfach. Man braucht nur eine E-Mail an www.istitutireligiosi.org zu schicken. In diesem Portal sind bereits tausend katholische Hotels in Italien aufgelistet, und in den nächsten Monaten

will man eine komplette Liste (3 500 Unterkünfte) heraus-
bringen und »durch Verträge mit den großen ausländischen
Reiseveranstaltern den internationalen Markt erobern«.
Oder man klickt einfach die offizielle Homepage (www.bri
gidine.org) des Ordens an, der von der heiligen Brigitta von
Schweden gegründet wurde, einer Mystikerin und Mutter
von acht Kindern, darunter die heilige Katherina.

Allerdings sucht man diese Information auf der Homepage des Ordens vergebens, dort nimmt die Biografie der
Gründerin nur wenige Zeilen ein. Dafür findet man dort
jede Menge Einzelheiten über die Hotels, die der Orden in
neunzehn Ländern betreibt, eine Kette, die es durchaus mit
Relais & Chateaux aufnehmen kann. Das Schmuckstück ist
ein wunderbares Kloster in der Altstadt von Havanna, das als
Hotel von Fidel Castro persönlich eingeweiht wurde.

An der Piazza Farnese kostet ein Einzelzimmer 120, ein
Doppelzimmer 190 Euro inkl. Frühstück, plus 3 Prozent Zu-
schlag bei Bezahlung mit Kreditkarte. Die Casa di Santa Brigida – 4 000 qm in der teuersten Gegend Roms, plus eine
schier endlose Dachterrasse – hat einen Marktwert von ca.
60 Mio. Euro, wird jedoch im Grundbuch als »Konvikt« geführt. Und zahlt keinen Cent Grundsteuer.

Durch diese Art rechtswidriger Steuerbefreiung, die zudem im Widerspruch zur europäischen Wettbewerbsricht-
linie steht, entgehen den italienischen Kommunen nach Angaben des Italienischen Städtetages ANCI (»basierend auf
Grundbuchangaben, die meilenweit vom tatsächlichen
Marktwert entfernt sind«) jährlich mehr als 400 Mio. Euro
Grundsteuer. Zu dieser Schätzung müssen noch die Immobilien addiert werden, die immer schon einseitig als steuer-

frei eingestuft und den Gemeinden nie gemeldet wurden, sodass sich der Gesamtverlust auf ca. eine Mrd. Euro pro Jahr beläuft. Genau genommen trägt diesen Verlust der italienische Steuerzahler, denn das fehlende Geld holen sich die Kommunen aus seiner Tasche.

Als in »La Repubblica« ausführlich darüber berichtet wurde, dass die Kirche für ihren Grundbesitz keine Grundsteuer entrichtet, reagierten die Bischöfe und ihr Presseorgan »Avvenire« ziemlich pampig. Denn sie mögen es gar nicht, wenn Journalisten recherchieren und dabei die Kirche unter die Lupe nehmen. Doch nach der großspurigen Ankündigung, man werde »eine unglaubliche Menge von falschen Behauptungen und Manipulationen entlarven«, monierte »Avvenire« konkret nur zwei Punkte. Zum einen wurde behauptet, die gewährte Steuerbefreiung sei rechtlich unanfechtbar, da sie seit 1992 gesetzlich festgelegt sei: »Bis 2004«, so hieß es weiter, »war diese Regelung nie ein Problem.« Zum anderen wurde die Höhe der mutmaßlichen Steuerausfälle von 400 Mio. Euro – im Übrigen eine äußerst vorsichtige Schätzung – bestritten, weil »jede Berechnung unmöglich ist«.

Zwar entspricht das nicht ganz den Tatsachen, doch es lohnt sich, auf diese beiden Punkte genauer einzugehen, weil sich daran vieles über das Verhältnis von Staat und Kirche aufzeigen lässt.

Beginnen wir bei der vermeintlichen rechtlichen Unanfechtbarkeit. Wahr ist, dass die Steuerbefreiung »bis 2004 nie ein Problem darstellte«. Dabei verschweigt die CEI jedoch wohlweislich, dass es bei dem »Problem«, das da 2004 aufkam, um nichts Geringeres ging als um ein Urteil des

Obersten Gerichtshofs. In einem Rechtsstaat keine Kleinigkeit.

In seinem Urteil hatte der Oberste Gerichtshof das Gesetz über die Befreiung von der Grundsteuer aus dem Jahr 1992 für rechtswidrig erklärt und eine Änderung in dem Sinn verlangt, dass nur für solche Immobilien Steuerfreiheit gewährt werden darf, »die keine kommerziellen Aktivitäten betreiben«. Dabei betraf das Urteil alle Rechtssubjekte, die keine Grundsteuer bezahlen: die katholische Kirche, gemeinnützige Organisationen, Gewerkschaften, Parteien, Sportvereine usw. Doch nur die Kirche protestierte, und zwar heftig. Warum? Vielleicht weil sie die Einzige ist, die ein kommerzielles Imperium aus Hotels, Restaurants, Kinos, Theatern, Buchhandlungen und Geschäften besitzt. »Einen ersten Höhepunkt erlebte das Phänomen kurz vor dem Heiligen Jahr«, so die Experten vom Italienischen Städtetag, »aber in den letzten zehn Jahren haben die religiösen Einrichtungen ihre kommerziellen Aktivitäten auf atemberaubende Weise ausgebaut.« Auslöser für das große Geschäft war die Kombination aus milliardenschweren Subventionen des Staates für die Ausrichtung des Heiligen Jahres 2000 und dem Straferlass für illegale Baumaßnahmen, den die Regierung Berlusconi ab 2001 mehrfach gewährte und damit den Umbau und die Umnutzung vorhandener Bausubstanz wesentlich erleichterte. Von diesem Straferlass haben kirchliche Einrichtungen großzügig Gebrauch gemacht; wie an der Piazza Farnese wurden überall Kirchen und Klöster zu religiösen Hotels umgewidmet.

Um das Problem der Steuerfreiheit von Grundbesitz zu lösen, beschloss die Regierung Berlusconi 2004 nach einer denkbar kurzen Diskussion, den gordischen Knoten mit einem Hieb zu durchschlagen. Mit einem Erlass aus dem Jahr 2005 verkehrte sie das Urteil des Kassationsgerichts in sein Gegenteil und führte die totale Steuerfreiheit für Kirchengüter wieder ein, die nun unabhängig von ihrer konkreten Geschäftstätigkeit für alle Ewigkeit als »nicht kommerziell« eingestuft wurden. Ein Wahlkampftrick, der verfassungsmäßig auf tönernen Füßen stand und nur dazu diente, das Problem wie eine heiße Kartoffel an die nächste Regierung weiterzureichen. Nach dem Sieg des Mitte-Links-Lagers bei den Wahlen im Frühjahr 2006 änderte sich, wenn man so will, die Haltung der Regierung in der Form, nicht jedoch in der Substanz. Die Regierung Prodi musste einen Kompromiss finden, um die eigene laizistische Position, die Ansprüche der Europäischen Union (inzwischen verlangte die EU Aufklärung über die Privilegien der Kirche) und die der Kirchenlobby unter einen Hut zu bringen, mithin die Quadratur des Kreises. Das Ergebnis war ein Kabinettstück in bester Rechtsverdrehermanier. Mit einem spitzfindigen Zusatz zum Dekret Bersani legte man fest, dass alle Immobilien von der Grundsteuer befreit werden, die »nicht ausschließlich kommerziellen Zwecken dienen«. Nach Angaben des Städtetages bedeutet das, dass »90 bis 95 Prozent der Kirchengüter auch weiterhin keine Steuern zahlen«. Tatsächlich verfügen jedes Hotel, jedes Kino und sogar die Buchhandlungen über eine Kapelle oder wenigstens über einen religiösen Schaukasten zum Beweis der »nicht ausschließlich kommerziellen Nutzung«. Juristisch ist der Begriff »nicht ausschließlich kommerziell« völliger Unsinn, ein Triumph der Scheinheiligkeit. Im jahrhundertealten italienischen Zivil und

Steuerrecht hat es die Kategorie »nicht ausschließlich« nie gegeben. Entweder ist eine Aktivität kommerziell, oder sie ist es nicht: *tertium non datur*. Aber wie man sieht, hat die Befreiung der Kirchengüter von der Grundsteuer doch einige Kontroversen ausgelöst.

Recht haben die Bischöfe hingegen mit der Behauptung, die Berechnung der Steuerausfälle sei »unmöglich«. Auch wenn der triumphierende Ton des »Avvenire« fehl am Platz ist: denn die Berechnung ist deshalb unmöglich, weil über den Immobilienbesitz der Kirche keine verlässlichen Daten vorliegen. In den fast achtzig Jahren, die seit dem Abschluss des Konkordats vergangen sind, haben keine staatliche Institution, ob faschistisch oder demokratisch, keine Regierung, ob Mitte, rechts oder links, ja nicht einmal die »roten« Stadtverwaltungen je den Versuch unternommen, den Wert des kirchlichen Immobilienbesitzes zu schätzen. Selbst der italienische Fiskus, der normalerweise nichts lieber tut, als die privaten Grundbesitzer zu schikanieren, hat gegenüber dem größten Grundbesitzer des Landes stets beide Augen zugedrückt.

Immerhin wurde im Verlauf der Debatte über den Haushalt 2008 von dem radikalen Angeordneten Maurizio Turco beantragt, eine Meldepflicht für Grundeigentum gegenüber den Gemeinden einzuführen; leider wurde dieser Antrag von der zuständigen Kommission erst gar nicht zur Abstimmung zugelassen, folglich auch nicht im Parlament erörtert, geschweige denn angenommen. »Ein skandalöser Fall von Begünstigung«, so wetterte der junge Abgeordnete Francesco Rutelli schon im Frühjahr 1995. Damals führte die Radikale Partei gerade eine denkwürdige Kampagne gegen den Vorschlag, dem Staat weitere Kosten von 1000 Mrd. Lire aufzubürden, diesmal für einen »Fonds für Gotteshäuser«. Für das Protokoll zählte Rutelli damals stundenlang die Immobilien auf, die allein in Rom im Besitz der Kirche sind. Es ist wohl überflüssig zu erwähnen, dass Rutelli den Vorschlag, den kirchlichen Grundbesitz in der Ewigen Stadt zu erheben, in der Schublade verschwinden ließ, sobald er Bürgermeister von Rom geworden war.

»Wie viele Divisionen hat die Kirche?«, so eine berühmte Frage von Stalin. Die Frage »Wie viel Grundbesitz hat die Kirche?« ist zwar weniger rhetorisch, eine Antwort darauf zu finden jedoch ein vollkommen hoffnungsloses Unterfangen. Wollte man den Umfang des Kirchenbesitzes erheben und dann die entsprechenden Steuerausfälle berechnen, müsste man ein paar Jahre Arbeitszeit und ein paar Milliarden Euro investieren, um Einsicht in Zehntausende von Grundbüchern zu nehmen. Ein solches Vorhaben ist von vornherein zum Scheitern verurteilt: Für eine Privatperson ist es unmöglich, und der Staat will nicht.

Was die Kirche betrifft, so tut sie ihr Möglichstes, um es zu verhindern, und verweigert auf nationaler wie kommunaler Ebene die Zusammenarbeit. Allein in Italien verteilt sich der Kirchenbesitz auf 56.000 Einrichtungen, das Auslandsvermögen noch nicht eingerechnet (schließlich ist die Kirche ein »multinationaler« Konzern mit 4 649 Diözesen): ein unübersichtliches Labyrinth, gegen das die Schachtelkonstruktionen der Finanzwelt wie reiner Kinderkram anmuten. Auf die Vatikan-Holding APSA (Vermögensverwaltung des Heiligen Stuhls), die von Kardinal Attilio Nicora geleitet wird, sind nach offiziellen Angaben in Rom

Grundstücke im Wert von nur 50 Mio. Euro eingetragen: Peanuts.

Um sich die Steuerermittler vom Hals zu halten, greift die Kirche auf immer neue Strategien zurück. Hier nur ein Beispiel. Angesichts der wachsenden Pilgermassen organisierte die Bischofskonferenz im März 2007 in Rom einen Riesenkongress zum Thema »Ferienhäuser, Zeichen und Ort der Hoffnung«. Sieht man sich die Tagungsberichte und die dort gehaltenen Vorträge an, die sich jeder von der Homepage der CEI herunterladen kann, erkennt man schnell, dass es sich eigentlich um eine hervorragende Fortbildungsveranstaltung für Reiseveranstalter handelt. Die Vortragenden sind nicht nur ausgewiesene Fachleute für Tourismus und Steuerwesen, sondern verfügen auch über didaktische Fähigkeiten, wie man sie sonst in dieser Berufsgruppe selten findet. Wer ein Hotel, eine Pension, eine Bar oder ein Restaurant betreibt und nicht an der geschraubten Sprache der Finanzverwaltung verzweifeln will, dem kann man einen Besuch auf der Homepage der Bischöfe nur wärmstens empfehlen.

Zwischen all den Vorträgen, die mit zivil- und steuerrechtlichen Vorschriften gespickt sind, taucht dort unter dem geradezu swiftschen Titel *Einige bescheidene Vorschläge, wie man sich in nächster Zukunft vor einer Erhebung der Grundsteuer (auch rückwirkend) schützen kann* plötzlich ein pfiffiges Handbuch zur Steuervermeidung auf. Darin finden sich viele nützliche Hinweise, wie man religiöse Praktiken einsetzt, um den kommerziellen Charakter eines Betriebes zu verschleiern. So wird den Leitern katholischer Hotels empfohlen: »a) der Gast muss erklären, dass er die Ideale und Verhaltensregeln der christlichen Religion vollkommen teilt; b) der Gast muss sich verpflichten, die Öffnungszeiten einzuhalten; c) außer der hauseigenen Kapelle soll die Einrichtung den Gästen Räume und Personal zur religiösen Betreuung zur Verfügung stellen« usw.

Doch Achtung, dabei kommt es nicht darauf an, ob besagte Regeln auch tatsächlich befolgt werden. Um die Grundsteuerpflicht zu vermeiden, reicht es, dass man sie aufstellt. Als ich mich bei den Birgittinen an der Piazza Farnese erkundigte, ob ich als nicht praktizierender Katholik an Gottesdiensten teilnehmen, eine besondere Hausordnung oder besondere Öffnungszeiten beachten müsse, lächelte die Schwester an der Rezeption und händigte mir den Haustürschlüssel aus: »Sie können zurückkommen, wann Sie wollen.«

Da verlässliche Zahlen fehlen und die Kirche dazu neigt, die tatsächliche Nutzung ihrer Immobilien zu verschleiern, wird jede Debatte über Steuerprivilegien sofort hoch ideologisch und artet in eine typisch italienische Kontroverse aus, bei der es nur noch um Definitionsfragen geht. Konfrontiert man die katholische Presse mit dem Thema, kann man darauf wetten, dass sie sofort grundlos in Panik ausbricht: »Die wollen die Bars der Oratorien besteuern!«, »Jetzt sollen die Pfarrgemeinden für ihre Kinosäle Grundsteuern entrichten!«. In Wirklichkeit geht es um etwas ganz anderes, wie mir der Vorsitzendes des Italienischen Städtetages und Bürgermeister von Florenz, Lorenzo Domenici, erklärte: »Natürlich verlangt niemand, dass eine Pfarrgemeinde für ihre Bar oder ihr Kino Grundsteuer entrichtet, aber die anderen Betriebe, die auf rein kommerzieller Basis arbeiten und mit privaten

Anbietern konkurrieren, die sollen gefälligst Grundsteuer bezahlen. Wir haben es den einzelnen Kommunen freigestellt, sich mit den lokalen Kurien zu einigen und verlässliche Listen zu erstellen.« Aber bisher hat sich keine Kirchenbehörde bereitgefunden, mit den lokalen Behörden zusammenzuarbeiten, um das mühsame Geschäft in Angriff zu nehmen, Tempel und Märkte, Religion und Kommerz voneinander zu trennen.

Andererseits kursieren in antiklerikalen Kreisen geradezu märchenhafte Zahlen über den Grundbesitz der Kirche. Märchenhaft bis zu einem gewissen Punkt. Wo man, wie beispielsweise in der Hauptstadt, den größten Teil der Daten relativ leicht überprüfen kann, was wir später noch tun werden, kommt man zu erstaunlichen Ergebnissen. In Rom gehört fast ein Viertel der Grundstücke der katholischen Kirche, die jedoch in allen Ecken Italiens über Grundbesitz verfügt, vor allem in den wohlhabenden Regionen Lombardei und Venetien. In einer gut dokumentierten Studie kommt der Immobilienexperte Franco Alemanni, Gründer der Gruppe Re – was nicht für Real Estate steht, sondern für Religiosi ecclesiastici, Kirchenmitglieder, die sich auf den Handel mit kirchlichen Immobilien spezialisiert haben –, zu dem Ergebnis: »In Italien gehören 20 bis 22 Prozent des Grundbesitzes der Kirche.« Hinzu kommen noch die Besitzungen im Ausland. Dazu erklärt der Immobilienexperte Vittorio Casale, der von Kardinal Joseph Tomko damit beauftragt wurde, den Besitz von Propaganda Fide neu zu ordnen: »Mitte der neunziger Jahre belief sich der Wert der ausländischen Liegenschaften auf ca. 800 bis 900 Mrd. Lire. Heute ist er vermutlich auf das Zehnfache gestiegen.« Dabei handelt es sich, das sei hier noch einmal wiederholt, um grobe Schätzungen. Doch alle Schätzungen kommen auf gewaltige Zahlen.

Einen indirekten Beleg für das kolossale Ausmaß des kirchlichen Immobilienbesitzes liefern die Entschädigungszahlungen in Millionenhöhe, die von den amerikanischen Diözesen an Pädophilieopfer geleistet wurden. Um diese Summen aufzubringen, verkaufte allein die Erzdiözese Boston in weniger als drei Jahren Immobilien im Werte von 200 Mio. Dollar. Verwunderlich ist dabei, so »Il Mondo«, dass die amerikanischen Diözesen eine derart groß angelegte Operation einer zweifelhaften Person wie Raffaello Follieri anvertrauten, einem dreißigjährigen Immobilienmakler aus San Giovanni Rotondo, der »außer ein paar Versuchen als Unternehmer, die später vor Gericht endeten, und einer kurzen Tätigkeit als Gold- und Diamantenhändler in Afrika keinerlei Erfahrung vorzuweisen hatte«. Wegen seiner Beziehungen zu Vincent Ponte, Sprössling einer mächtigen Mafiadynastie aus New York, geriet der frühere Anhänger von Padre Pio später ins Visier der amerikanischen Medien.

Aber unabhängig von genauen Zahlen bleibt festzuhalten, dass die Steuervergünstigungen der Kirche im Widerspruch zum freien Wettbewerb stehen. Als bedeutendes Wirtschaftsunternehmen auf dem Immobilien-, Finanz-, Handels- und Tourismussektor hat die katholische Kirche dadurch Vorteile gegenüber den Konkurrenten. Aus diesem Grund hat eine Gruppe von römischen Geschäftsleuten, Restaurant- und Hotelbetreibern im März 2006 bei der Wettbewerbskommission in Brüssel Anzeige wegen Wettbewerbsverletzung durch »staatliche Hilfen« erstattet. Daraus hat sich ein langwieriger, bisher ungelöster Rechtsstreit zwischen Italien und der Europäischen Union entwickelt. Auf die erste Bitte um Aufklärung seitens der EU antwortete die Regierung Prodi zum einen, dass »die Vorschriften eindeutig sind«; andererseits setzte sie jedoch auf Drängen des Wirtschaftsministers Tommaso Padoa Schioppa eine Kommission ein, um die Unklarheiten der Verordnung zu prüfen. Im November 2007 kam erneut eine Aufforderung von der niederländischen EU-Wettbewerbskommissarin Neelie Kroos: Diesmal ging es nicht mehr allein um die Befreiung von der Grundsteuer, sondern auch um die Halbierung des Steuersatzes für kirchliche Einrichtungen im Gesundheits- und Bildungswesen und die Absetzbarkeit der Priestergehälter bei der Gewinnermittlung. Daraufhin erklärte die Regierung, sie könne keine Informationen an Brüssel weitergeben, lud aber die Kommission zu einem Besuch nach Italien ein. Nach dem Muster: »Wenn ihr wirklich so viel Wert darauf legt, dann kommt doch und holt sie euch.« Ein ungeheuerliches Vorgehen. Dann kam die Regierungskrise, und der Eiertanz wurde unterbrochen, bis zur nächsten Regierung.

Sicherlich ist Italien nicht das einzige Land in Europa, in dem die Kirche Steuervergünstigungen erhält, aber mit Sicherheit weigert man sich hier am hartnäckigsten, diese infrage zu stellen. In den letzten Jahren hat die Europäische Union in dieser Hinsicht einige Erfolge erzielt, in Ländern mit und ohne Konkordat. Auf Antrag des radikalen Europaabgeordneten Maurizio Turco haben zuerst Portugal – nach der ersten Mahnung durch die EU –, dann Spanien – nach der zweiten Mahnung – die Befreiung kirchlicher Aktivitäten von der Mehrwertsteuer abgeschafft. In Italien dagegen gibt

es Politiker, die den Papst bei der zweiten Mahnung auf-
gefordert haben, »die Kommission in Brüssel zu exkommunizieren«.

4

TOURISTEN IM NAMEN GOTTES

Im Blog von Papst Benedikt XVI., der zwar nur halb offiziell ist, aber den Segen des Heiligen Vaters hat, steht zu lesen:»Im Zeitalter der Billigreisen passt sich auch die Opera romana pellegrini (ORP), das vatikanische Pilgerwerk, den neuen Gegebenheiten an und bietet Pilgerreisenden nun die Möglichkeit, auf der Suche nach Gott einen Billigflieger zu besteigen. So startete am 27. August in Rom eine Boeing 737-300 der Mistral Air, die 1981 von dem Schauspieler Bud Spencer gegründet wurde und jetzt für die ORP fliegt, zu ihrem Jungfernflug nach Lourdes. An Bord befand sich eine Gruppe von 148 geladenen Gästen, darunter auch der Fußballmanager Luciano Moggi. Für den geistlichen Beistand der Pilger sorgte eine illustre Persönlichkeit wie Kardinal Camillo Ruini, der allen Mitreisenden seinen Segen erteilte. Am Eingang nahmen Hostessen in blau-gelber Uniform, mit Anstecknadel des Vatikans und gelbem Halstuch, die Passagiere in Empfang und führten sie zu ihren Plätzen. Auf den Kopfstützen steht das Motto: ›Ich suche Dein Antlitz, Herr‹«.

Der Startschuss für die Zusammenarbeit von Vatikan und Mistral Air bei der Organisation von Pilgerreisen war von einem großen Werberummel begleitet. Als Werbeträger für »die Suche nach Gott mit Billigflügen« setzte die Kirche auf den Ex-Präsidenten des Fußballclubs Juventus Turin

Luciano Moggi, der wegen des Fußballskandals, von dem noch ausführlich die Rede sein wird, unter Anklage steht, sowie auf die Italienische Post. Mithilfe der Post war die Fluggesellschaft Mistral unter Berlusconi durch eine Finanzoperation vor dem Bankrott gerettet worden, die selbst von den Abgeordneten der Rechten als klarer Verstoß gegen die Gesetze des Marktes kritisiert wurde. Auf die Frage des AN-Abgeordneten Vincenzo Nespoli, warum die Post für Mistralaktien bis zum Fünfzehnfachen ihres tatsächlichen Wertes hinblätterte – und dadurch außerdem der krisengeschüttelten staatlichen Fluggesellschaft Alitalia Konkurrenz machte –, blieb die Regierung denn auch die Antwort schuldig.

Für das erste Geschäftsjahr planten Mistral und Pilgerwerk, bis zu 50.000 italienische Pilger an die europäischen Wallfahrtsorte und ins Heilige Land zu befördern, während man für das Jahr 2008 (150. Jahrestag der Erscheinung Marias in Fatima) mit einer Steigerung der Passagierzahlen auf 150.000 rechnete. Dabei ist dieses Joint Venture von Mistral und Pilgerwerk nur die Spitze des Eisbergs, denn der Pilgertourismus ist ein gigantisches Geschäft. Zudem fast immer steuerfrei.

Die Tourismusindustrie ist der Sektor der Weltwirtschaft mit den höchsten Wachstumsraten und den dritthöchsten Profitraten nach Öl- und Waffenhandel. Nach dem Einbruch im Gefolge des 11. September 2001 erleben Flugreisen zurzeit den größten Boom seit dem Ende des Zweiten Weltkriegs, zumal Millionen neuer Kunden aus China und Indien auf den Markt drängen. Die Aussichten sind rosig, mit exponentiell steigenden Wachstumsraten, allerdings nicht in Italien. Bis in die achtziger Jahre war Italien das beliebteste

Reiseziel, ist jedoch inzwischen auf den fünften Platz zurückgefallen, während die staatliche Fluggesellschaft Alitalia ums Überleben kämpft; mal droht der Konkurs, mal der Ausverkauf. Das Reiseland Italien kämpft mit dem Problem, dass sein touristisches Angebot auf dem Stand der achtziger Jahre stehen geblieben ist und sich hier weiterhin alles um »schöne Strände«, »schöne Berge« und »Amüsiertempel« wie Diskotheken dreht. Inzwischen ist dieses Urlaubsmodell jedoch nur noch für russische Oligarchen attraktiv, die vor dem Lokal Billionaire des Playboys Flavio Briatore Schlange stehen. Dagegen fahren Millionen Touristen zum Baden inzwischen lieber nach Kroatien oder Ägypten, zum Wandern in die slowenischen Berge oder an andere Orte, die seit dem Ende der bewaffneten Auseinandersetzungen auf dem Balkan und durch ein wachsendes Angebot an Billigflügen an Attraktivität gewonnen haben, weil sie ebenso schöne Landschaften bieten, jedoch zu wesentlich günstigeren Preisen.

Seit den neunziger Jahren hat sich die touristische Nachfrage weiterentwickelt, ist differenzierter und anspruchsvoller geworden. Auf einschlägigen Kongressen diskutiert man seit Jahren über zwei Konzepte: nachhaltiger Tourismus und religiöser Tourismus. Der neue Kundentypus hat ganz andere Ansprüche, sieht sich nicht mehr als reiner Konsument von Orten, Dienstleistungen und Waren; der neue Reisende will etwas erleben, will Erfahrungen« machen und sich nicht mehr durch Shopping und Zerstreuung einlullen lassen. Paradoxerweise erlebt deshalb die älteste Reiseform der Welt, nämlich die Pilgerreise, eine Renaissance.

Es ist sicher kein Zufall, wenn sich in Italien, dazu noch in der Krise, nur der Religionstourismus gegenläufig entwickelt, ja sogar boomt und von 2000 bis heute eine durchschnittliche Wachstumsrate von 20 Prozent pro Jahr aufweist. Als Erste bekamen das die Ferienorte an der Adria, in der traditionell kirchenfeindlich eingestellten Romagna, zu spüren, die sich jedoch nicht zu fein sind, mit katholischen Großveranstaltungen wie dem Jahreskongress von Comunione e Liberazione Geschäfte zu machen. In der Scuola superiore del Loisir, einer Art Universität zur Erforschung von Urlaub und Freizeit, die zu den fortgeschrittensten dieser Art in Europa zählt und im Sündenbabel Rimini ihren Sitz hat, beschäftigt man sich ernsthaft mit dem Religionstourismus. Außerdem sind die roten Gemeinden der angrenzenden Emilia sehr aktiv auf dem Gebiet der Umnutzung alter Klöster zu touristischen Zwecken, und in der Toskana, dem Inbegriff der Weltlichkeit, veröffentlichte man den ersten Führer sakraler Orte in Italien.

In wenigen Jahren hat sich die katholische Kirche zum Branchenprimus entwickelt. Nach einer Untersuchung von Trademark, dem führenden Marketingunternehmen für Tourismus, verfügt sie über mehr als 200.000 Betten in 3 500 Einrichtungen und vermarktet jedes Jahr 40.000 Reisen mit 19 Mio. Übernachtungen. Der entsprechende Jahresumsatz wird auf 4,5 Mrd. Euro geschätzt: das Dreifache des größten italienischen Reiseveranstalters Alpitour. Obwohl Trademark als Marktführer der Branche sicherlich vertrauenswürdig ist, erschienen mir diese Zahlen anfänglich so übertrieben, dass ich sie zunächst gar nicht verwenden wollte. Doch wenig später kam auch die renommierte Wirtschaftszeitung »Wall Street Journal« zu ganz ähnlichen Ergebnissen.

Der Tourismus ist das große Geschäft der Kirche im dritten Jahrtausend. Genau genommen eigentlich das Ei des Kolumbus. Schließlich verfügt die Kirche über die besten Voraussetzungen. Da ist zum einen der immense, weitgehend ungenutzte Immobilienbesitz. Viele Kirchen und Klöster stehen leer, und ihre Erhaltung wird immer teurer. In Frankreich haben einige Bürgermeister damit begonnen, das Problem mit der Abrissbirne zu lösen – nach dem Beispiel des Dorfes Valanjou an der Loire, wo der Stadtrat sich einstimmig dafür aussprach, eine der drei Kirchen abzureißen. Dazu der Bürgermeister Bernard Briodeau am 12. September 2007 in »Le Monde«: »Wir haben drei Kirchen für zweitausend Einwohner, und der Unterhalt jeder einzelnen kostet jährlich 12.000 Euro. Zugleich fehlt uns das Geld für Schulen, was hätten wir sonst tun sollen?« Man stelle sich vor, was passieren würde, wenn ein italienischer Stadtrat dem Beispiel von Valanjou folgen würde.

Doch davon kann keine Rede sein. Bei uns ist es vielmehr so, dass sich lokale und staatliche Einrichtungen darum reißen, kirchliche Immobilien zu finanzieren. Folglich behält die Kirche ihr Eigentum und wälzt die Kosten für Unterhalt und Restaurierung auf den Steuerzahler ab. Eine ideale Lösung. Die einschlägige Gesetzgebung zu direkten und indirekten, kommunalen und staatlichen Hilfen gleicht einem Dschungel, in dem man sich sofort verirrt. Trotzdem will ich es mal mit einem Beispiel versuchen. Ein Gesetz der Region Lombardei, das von anderen Regionen übernommen wurde, verpflichtet die Kommunen, acht Prozent der Aufwendungen für soziale Infrastruktur an die »für Gottesdienste zuständigen Einrichtungen der katholischen Kirche« abzuführen. In Zahlen bedeutet das, dass allein die Gemeinde Mailand im Jahr 2006 3.231.600 Euro an die Kirche überwiesen hat. 2005 kamen aus der Gemeinde Rom 2.310.000, aus Bologna 679.000 und aus Florenz 491.000 Euro. Außerdem existiert ein Gesetz über die staatliche Finanzierung katholischer Oratorien, dessen Werdegang ziemlich interessant ist: 2001 zunächst von den Udc-Abgeordneten Luca Volontè, Rocco Buttiglione und anderen eingebracht, wurde der Vorschlag ein Jahr später von den Grünen Paolo Cento und Luana Zanella wieder aufgegriffen, erneut dem Parlament vorgelegt und dann in beiden Häusern fast einstimmig verabschiedet. Nach diesem parteiübergreifend gebilligten Gesetz, das auf regionaler Ebene zur Anwendung kommt, mussten die Bürger im Piemont für den Zeitraum 2002 bis 2005 4 Mio. Euro für Oratorien ausgeben, in Ligurien waren es 6,5 Mio. (2005–2007), in der Lombardei 10 Mio. (2008–2009). Den Rekord hält die Region Apulien: Dort wurde unter Vorsitz des kommunistischen Regionalpräsidenten Nichi Vendola durch Erlass vom 3. Oktober 2007 festgelegt, dass 12 Mio. Euro, die eigentlich für die Errichtung von Sportstätten vorgesehen waren, den 125 apulischen Oratorien zuflossen. Ein Extrakapitel ist die Verwendung der Mittel aus dem EU-Strukturfonds. Bei der Ausschöpfung dieser Mittel rangiert Italien nicht nur auf dem letzten Platz, sondern gibt das Geld darüber hinaus auch noch größtenteils für die Restaurierung von Kirchenbesitz aus. Eine Region wie Sizilien leitet 80 bis 90 Prozent der Mittel aus Brüssel an Kirchen und religiöse Einrichtungen weiter.

Sind sie erst einmal mit öffentlichen Geldern saniert, werden viele dieser kirchlichen Immobilien veräußert und in Hotels umgewandelt, sodass der Vatikan damit kolossale Gewinne realisiert. Von den zuständigen Behörden des Denkmalschutzes wird diese Nutzungsänderung systematisch gefördert. So wurde allein in Rom kürzlich der Verkauf des Klosters Santa Maria in Gerusalemme, der Casa delle Figlie di Maria Immacolata in Monteverde und des Istituto delle suore della Carità di San Vincenzo de' Paoli genehmigt.

In der Region Latium wurde 2007 eine Verkaufsgenehmigung für 257 Kirchenimmobilien beantragt, davon wurden 146 bewilligt. In Parma wurde trotz aller Proteste gerade das berühmte Kapuzinerkloster verkauft, das zu Miniapartments umgebaut werden soll. In der Region Emilia Romagna wurde Ende 2007 / Anfang 2008 für zwanzig Gebäudekomplexe eine Umwidmungsgenehmigung erteilt, darunter das Haus der Ursulinen in Reggio Emilia, der Klosterkomplex Santi Pietro e Paolo in Ferrara und das Nonnenkloster der Sacra Famiglia in Cesena. In der Toskana werden das Kloster San Francesco in Cortona, die Vallombrosaner-Abtei von Vigesimo im Mugello, das Klarissinnenkloster in Arezzo, das Benediktinerinnenkloster in Monterchi und das Kloster Santa Chiara in Santa Fiora aufgegeben. In den Abruzzen stehen 46 Franziskanerklöster zum Verkauf, und die Salesianer veräußern ihr Haus mit 3500 Betten im Herzen des Nationalparks. »All das«, so schreibt Roberta Carlini in ihrem Artikel *Klöster mit fünf Sternen* im »Espresso«, »bedeutet jedoch nicht, dass die Kirche ihren gesamten Grundbesitz aufgibt. Denn häufig laufen die Transaktionen zwischen unterschiedlichen kirchlichen Einrichtungen ab.« Oder die Immobilien werden an Hotelketten verpachtet, zu gesalzenen Preisen.

Neben dem Rückhalt durch die Behörden verfügt die

katholische Kirche über eine weitere, im Tourismusgeschäft entscheidende Ressource: motiviertes, qualifiziertes und billiges (Priester und Nonnen) Personal. Als dritter Pluspunkt zählt, dass die Kirche landesweit ein dichtes Netz von Einrichtungen unterhält und sich deshalb überall auskennt, vor allem im Landesinneren, wo Tausende von herrlichen Weilern eine einzigartige, bisher zweifellos unterschätzte Ressource darstellen. Viertens kann die katholische Kirche auf ein Potenzial »treuer Kunden« von einer Milliarde Menschen zählen. Fünftens und letztens, jedoch entscheidend: Im Vergleich zur Konkurrenz genießt die Kirche eindeutige Steuerprivilegien.

Seit dem Heiligen Jahr hat sich der Vatikan mit Leib und Seele in dieses Geschäft gestürzt. Der erste Schritt war die Reorganisation des Römischen Pilgerwerkes ORP, das nunmehr mit 2500 Partneragenturen zusammenarbeitet. Das Pilgerwerk untersteht direkt dem Heiligen Stuhl und wird von Kardinalvikar Camillo Ruini und seinem Stellvertreter Liberio Andreatta geleitet. Neuer Geschäftsführer ist seit einem Jahr der von Ruini berufene vierzigjährige Pater Cesar Atuire, ein lebendes Beispiel für das streng nach meritokratischen Prinzipien organisierte Kirchensystem. Der aus Ghana stammende Atuire hat in London ein Ingenieurstudium und in Deutschland ein Philosophiestudium absolviert, er spricht ein Dutzend Sprachen, ist äußerst gebildet und dynamisch, und praktisch der Tourismusminister des Vatikans. Auch als italienischer Tourismusminister wäre er die ideale Besetzung, wenn sich der Ex-Spitzenreiter der Tourismusindustrie nur angewöhnen würde, dieses Amt mit dem gebührenden Ernst zu behandeln.

Eine wichtige Rolle spielt neben dem Pilgerwerk auch die Vermögensverwaltung des Heiligen Stuhls APSA, die die Kirchenimmobilien und häufig auch die Hotelgewinne verwaltet. Da beide Gesellschaften ihren Sitz im Vatikan haben, genießen sie den Status der Exterritorialität; das heißt sie sind nicht verpflichtet, Bilanzen vorzulegen, und müssen sich bei Steuern, Hygiene, Sozialversicherung usw. auch nicht an die gesetzlichen Vorschriften halten. In den Verträgen, die das Pilgerwerk mit den Kunden abschließt, heißt es beispielsweise unter Punkt 16, dass »bei allen Streitfällen das Grundgesetz der Vatikanstadt gilt«. Und was sagt das Grundgesetz der Vatikanstadt? Dass bei jedem juristischen Streitfall, bei jeder Zivil- oder Strafsache der Papst das letzte Wort hat. Wenn ein Tourist, ob katholisch oder nicht, die erbrachte Leistung reklamieren will, muss er also auf die Entscheidung des Heiligen Vaters warten. Ehrlich gesagt, ist die »Kundschaft« zumeist hochzufrieden. Denn die Reisen des Pilgerwerks bieten optimale Betreuung, Sicherheit, eine angenehme Umgebung und gemäßigte Preise.

Obwohl er keinerlei Kontrolle über die Verwendung der Mittel hat, fördert der italienische Staat das Pilgerwerk, das auch vom Kommunikationsministerium unterstützt wird, auf jede erdenkliche Weise. Im Übrigen beruft sich die Kirche bei ihren kommerziellen Aktivitäten, wie auch der Fall des Gesundheitswesens zeigt, weitgehend auf den Status der Exterritorialität. Damit schlüpft sie überall, vor allem jedoch in stark expandierenden Bereichen wie dem Tourismus, unter einen äußerst bequemen Steuerschirm. Dabei geht es nicht nur um die eingesparte Grundsteuer für Hotels, Restaurants und Bars, sondern auch um Ausfälle bei Lohn- und

Gewinnsteuer. Oft sind in den sogenannten »religiösen Häusern«, bei denen es sich immer häufiger um echte Hotels handelt, die auch in den normalen Hotelverzeichnissen auftauchen, Nonnen, Mönche oder freiwillige Mitarbeiter auf Honorarbasis beschäftigt, die keinen Arbeitnehmerstatus haben und für die deshalb keine Lohnsteuer anfällt. Auch Arbeitnehmerrechte sind dort ein Fremdwort, denn in der Kirche gibt es keine Gewerkschaften. Über dieses Problem macht Pater Atuire gerne witzige Bemerkungen: »Auf die Frage, wie viele Personen im Vatikan arbeiten, antwortete Johannes XXIII. gern: ›die Hälfte‹.« Doch während man von den Angestellten des Vatikans nicht gerade behaupten kann, sie hätten die Arbeit erfunden, gelten für Zehntausende von ungeschützten Mitarbeitern in der Gastronomie oft mörderische Arbeitszeiten.

So häufen sich auf der Homepage der Bischofskonferenz in letzter Zeit die Klagen, dass man aufgrund der steigenden Nachfrage zunehmend gezwungen sei, auf »externes« Personal zurückzugreifen. »Externes Personal«, so die Bischöfe, »gewährleistet jedoch nicht dieselbe Leistung wie Nonnen oder Mönche.« Außerdem stellen Externe ganz andere Ansprüche! Sie wollen für Überstunden bezahlt werden und verlangen – allen Beschränkungen des Vatikanrechts zum Trotz – sogar ein Minimum an Arbeitsschutz.

Die Steuervergünstigungen verschaffen der Kirche einen Wettbewerbsvorteil, der ihr erlaubt, Preise anzubieten, die auf dem Markt konkurrenzlos sind. In vier oder fünf Jahren könnte der Umsatz die 10-Mrd.-Euro-Marke durchbrechen. Denn hier handelt es sich nicht nur um »Armentourismus« oder »Billigreisen«. Schon heute sind etwa hundert Klosterhotels bei Reiseveranstaltern wie Condé Nast, Relais & Châteaux oder Leading Hotels of the World gelistet, wobei allerdings nur noch ungefähr die Hälfte in Kirchenbesitz ist. Doch in allen Hotelkategorien, ob nun zwei, drei, vier oder fünf Sterne, liegt das Preisniveau dank der geringen Kosten stets niedriger als bei der Konkurrenz. In Rom machen die religiösen Häuser den normalen Hotels jedes Jahr mehr Kunden abspenstig, und zwar in allen Stadtteilen, mitten im Zentrum wie an der Peripherie. Für jeden Geldbeutel ist etwas dabei, das Angebot reicht vom Vier-Sterne-Luxushotel der Birgittinen an der Piazza Farnese (190 Euro) über ein Zimmer mit Kühlschrank, Satelliten-TV und Klimaanlage für 120 Euro bei den Karmelitern an der Engelsburg bis zu »drei Sterne-Hotels« für 60 bis 70 Euro. Das Gleiche gilt für andere beliebte Reiseziele wie beispielsweise das berühmte Hotel der Ursulinen in Cortina d'Ampezzo oder das Kloster Camaldoli bei Arezzo, Luxusherbergen für Intellektuelle, Kulturschaffende und Politiker. Und das Angebot reicht bis hinunter zum Massentourismus, wo zwar die Preise sinken, dafür aber der Umsatz explodiert.

Angefangen hat alles mit dem warmen Regen (3 500 Mrd. Lire allein in Latium), den der Fiskus anlässlich des Heiligen Jahres der Kirche bescherte. Er spielte eine entscheidende Rolle bei der Umwandlung von Kirchenimmobilien in moderne Touristenunterkünfte. Allerdings blieb der Geldregen nicht auf den Anlass beschränkt, sondern floss danach in tausend kleinen Rinnsalen weiter.

Damit wir uns recht verstehen: Es wäre ungerecht und unsinnig, jegliche öffentliche Finanzierung des religiösen Tourismus ausschließlich als weitere verdeckte Staatshilfe abzustempeln. Manche Projekte des Pilgerwerks sind durchaus lobenswert und werden sich zweifellos positiv auf die jeweiligen Gebiete auswirken. Das gilt zum Beispiel für die Wiederherstellung der alten Pilgerwege, allen voran die Via Francigiana oder Frankenstraße, ein herrlicher Wanderweg vom Großen Sankt Bernhard bis nach Rom, der erstmals in den Aufzeichnungen des Erzbischofs von Canterbury, Sigerich der Ernste, vor tausend Jahren erwähnt wurde. Ebenso die östliche Route, die von Venedig durch die Romagna und Umbrien führt, oder die Südroute von Rom nach Otranto. An den Kosten haben sich alle beteiligt, jede Gemeinde, Provinz, Region oder Berggemeinde, ob mit linker oder rechter Mehrheit, denn solche Projekte mit kulturellem und sozialem Anspruch richten sich nicht nur an Gläubige. »Das Pilgerwerk verlangt von den Pilgern kein Glaubensbekenntnis«, sagt Pater Atuire, und tatsächlich trifft man unter den Pilgern viele »Nichtgläubige«. Wandern in der Gruppe, zu Fuß das Leben der einfachen Leute auf dem Land zu entdecken, ist nicht nur für die Herzkranzgefäße gesund, sondern kann zu einem unvergesslichen Erlebnis werden – eine Reiseform, die in Europa über Jahrhunderte praktiziert wurde, in Zeiten des Friedens zwischen den Kriegen als eine Art der Selbstbesinnung (wie es bei Dante heißt: »Ach, Pilger, die ihr sinnend geht …«).

Im Gegensatz dazu zeichnen sich andere Erscheinungsformen des religiösen Tourismus nicht unbedingt durch Besonnenheit aus. Allen voran die jüngsten Großinvestitionen rund um das Heiligtum des Padre Pio in San Giovanni Rotondo. Wie jeder weiß, halten in den europäischen Wallfahrtsorten, vom bosnischen Medjugorje bis zum portugiesischen Fatima, überall die Händler den Tempel besetzt. Doch das ist alles kein Vergleich mit dem religiösen Rummelplatz, den man rund um die Wirkungsstätte von Padre Pio errichtet hat. Wir wollen uns hier nicht auf die polemischen Auseinandersetzungen um die historische Figur des Padre Pio einlassen und halten uns lieber an die Fakten. Fast hundert Jahre lang, das gesamte 20. Jahrhundert hindurch, galt der Pater aus Pietrelcina fast allen Päpsten von Benedikt XV. bis Johannes Paul I. – zumindest als er noch Patriarch von Venedig war – als betrügerischer Schmierenkomödiant, der den heidnischen Aberglauben ausnutzte, wie er im Süden mancherorts noch heute anzutreffen ist und von dem großen Anthropologen Ernesto De Martino eingehend untersucht wurde. Diese Einschätzung beruhte auf seriösen Untersuchungen und gesicherten Daten, die Jahrzehnte später bestätigt wurden. Als der berühmte Mediziner und Psychologe Pater Agostino Gemelli im Jahre 1920 nach San Giovanni Rotondo geschickt wurde, um den Sachverhalt zu klären, diagnostizierte er bei Padre Pio »alle Eigenschaften eines Hysterikers und Psychopathen«. Seiner Auffassung nach waren die Stigmata »ein Bluff … Ergebnis krankhaft pathologischer Handlungen … Ein Kranker, der sich selbst Wunden beibringt.« 1960 schickte der Vatikan erneut eine Kommission unter Leitung von Monsignor Carlo Maccari, um vor Ort zu ermitteln. Die Ergebnisse waren so niederschmetternd, dass Papst Johannes XXIII. notierte: »Ich erhielt schlimme Nachrichten über Padre Pio und alles, was San Giovanni Rotondo betrifft […]. Die Vorfälle, das heißt, seine ungehörigen intimen Beziehungen zu den Frauen seiner persönlichen Bedienung, die mithilfe von Filmaufnahmen entdeckt wurden, lassen auf eine katastrophale Verwirrung der Seelen schließen, teuflisch eingefädelt, zum Schaden für das Ansehen der Kirche in der Welt, und besonders hier in Italien [...]. Ein riesiger Betrug«, so seine Schlussfolgerung.

Im Jahre 2002 kam Papst Karol Wojtyla zu dem Schluss, dass seine Vorgänger wohl doch nicht so unfehlbar waren, und ließ Padre Pio »sofort« heiligsprechen, wie es inzwischen Mode ist. Rund um die Verehrung des Heiligen setzte daraufhin eine ungeahnte Spekulationswelle ein. In der ganzen Gegend verwandelten sich Tausende von Einheimischen auf wundersame Weise fast über Nacht in Restaurant- und Hotelbetreiber, Reliquienhändler, Fremdenführer und Theologen auf Abruf. Auf wundersame Weise, das stimmt, doch ausgelöst wurde das Wunder durch staatliche und kommunale Subventionen, die plötzlich vom Himmel fielen. Was den Ausbau der Hotelkapazitäten betrifft, schaffte die Region Apulien in den zehn Jahren von 1995 bis 2005 den Sprung auf den italienischen Spitzenplatz (eine Zunahme von 30 Prozent bei Hotels, und sogar 42 Prozent bei der Bettenzahl). Dabei sicherte sich San Giovanni Rotondo den Löwenanteil. Im italienischen Lourdes schossen 200 Hotels wie Pilze aus dem Boden, mehr als 100 Restaurants, Dutzende von Parkhäusern und sogar eine Bingohalle für Pilger. Ganz abgesehen von der eindrucksvollen Kirche, die nach Entwürfen des Stararchitekten Renzo Piano für 50.000 Besucher gebaut wurde, aber meistens halb leer steht. Ein weiterer einträglicher Geschäftszweig ist das Gesundheitswesen: Das religiöse Megaklinikum »Casa Sollievo della Sofferenza« mit einer Fläche von 100.000 qm, 1 000 Betten und 2 000 Beschäftigten wurde weitgehend mit öffentlichen Mitteln finanziert; ebenso die »Casa Cenacolo di Sant' Andrea«, das Altersheim Padre Pio, die orthopädische Rehabilitationsklinik und das Gästehaus »Santa Maria delle Grazie«.

In der Euphorie finanzierten Staat und Kommunen alles Mögliche, sogar ein ziemlich abstruses Musical über das Leben von Francesco Forgione, Künstlername Padre Pio, mit Kostümen großer Modemarken und Balletteinlagen, bei dessen Uraufführung der Präsident der Region Apulien, Nichi Vendola, Altkommunist und bekennender Homosexueller, und der Staatssekretär des Vatikans, Tarcisio Bertone, einträchtig nebeneinander in der ersten Reihe saßen.

Doch schon bald erwies sich der Boom als Bumerang. Erst als der Kapuzinerorden aufgrund seines hemmungslosen Umgangs mit dem »Geschäft Padre Pio« in hässliche Betrugsfälle verwickelt wurde, entschloss sich der Heilige Stuhl, die Vorfälle zu untersuchen, und schickte als eine Art Kommissar den Erzbischof von Manfredonia, Domenico D'Ambrosio, nach San Giovanni Rotondo. Allerdings kam diese Meinungsänderung viel zu spät. Dazu schreibt Raffaele Lorusso in »Repubblica«: »Der schöne Traum, diesen abgelegenen Winkel der Capitanata könne man, durch öffentliche Mittel großzügig gefördert, in ein modernes Glaubenseldorado verwandeln, war bereits Ende des Heiligen Jahres 2000 ausgeträumt (…). Die statistischen Zahlen des Einzelhandelsverbandes für 2006 sprechen eine deutliche Sprache: Die Hotels sind kaum hundert Tage pro Jahr belegt, macht 500.000 Gäste. Das bedeutet, dass das Angebot von 7 000 Betten die Nachfrage bei Weitem übersteigt. Tatsächlich ist die Nachfrage weiterhin sehr gering.« Deshalb wollen die

Betreiber nun ihre Hotels schließen und beantragen eine Umwidmung zu Wohnzwecken. Dieser neuerliche Spekulationsversuch wird jedoch unterbunden, weil die Verträge mit der Gemeinde San Giovanni Rotondo jegliche Nutzungsänderung für die nächsten fünfundzwanzig Jahre ausschließen. Der Einzige, der aus dem Rechtsstreit mit der Gemeinde als Sieger hervorgeht, ist, was für ein Zufall, der Kommissar des Vatikans, Monsignor D'Ambrosio, denn er erhält die Genehmigung, das Altersheim zu zweihundertfünfzig Miniapartments umzubauen und mit erheblicher Wertsteigerung auf dem Immobilienmarkt zu veräußern. Für alle anderen sieht es finster aus. Für die nächsten fünfundzwanzig Jahre müssen sie in riesigen, halb leeren Hotels ausharren, die an das Overlook Hotel aus dem Film *Shining*, dem Meisterwerk von Stanley Kubrick, erinnern. Aufgrund dieser Aussichten kam man auf die Idee, den Leichnam des Heiligen zu exhumieren und zur Massenverehrung auszustellen, ein letzter, ebenso verzweifelter wie makabrer Versuch, dem Tourismus neues Leben einzuhauchen.

5

EINE STUNDE, DIE EINE MILLIARDE KOSTET

Durch die jüngste Welle von Vandalismus sah sich die Regierung dazu veranlasst, ab dem Schuljahr 2008/2009 an allen Schulen von der Vorschule bis ins Gymnasium zwei Wochenstunden Staatsbürgererziehung – unter dem Namen »Staatsbürgerschaft und Menschenrechte« – als Pflichtfach einzuführen. Dagegen protestierten die katholischen Bischöfe aufs Schärfste, sprachen von »sozialistischem Katechismus«, riefen die katholischen Lehrer- und Elternverbände zu Demonstrationen auf und forderten, den Unterricht »aus Gewissensgründen« zu boykottieren. Darauf antwortete der Ministerpräsident im Fernsehen, bei allem Respekt gegenüber der katholischen Mehrheit des Landes bleibe die Trennung von Kirche und Staat ein Grundwert der Demokratie und die staatsbürgerliche Erziehung dürfe nicht als Konkurrenzveranstaltung zu dem bereits im Lehrplan vorgesehenen wahlfreien (katholischen, jüdischen, islamischen oder protestantischen) Religionsunterricht betrachtet werden. Der Regierungschef betonte außerdem, er werde an der vorgesehenen Streichung von Zuschüssen für katholische und nichtkatholische Privatschulen festhalten, und bezeichnete diesen Schritt als Abkehr von der Politik seines rechten Vorgängers und »Rückkehr zur verfassungsmäßigen Legalität«.

An dieser Stelle wird sich der italienische Leser vielleicht fragen: »Wo war ich denn bloß, als dies alles passiert ist?« In Italien. Das Geschilderte hat sich natürlich anderswo zugetragen, im Spanien der Regierung von José Luis Rodríguez Zapatero, im Frühjahr 2007. Das Ringen zwischen laizistischem Staat und katholischen Bischöfen ging weiter, und heute prüft die Regierung sogar die Möglichkeit, das Konkordat von 1979 aufzukündigen. Von all dem ist Italien weit entfernt. An den italienischen Schulen, die mehr als die spanischen unter der Zerstörungswut zu leiden haben, ist das einstündige Fach Staatsbürgerkunde in der Primarstufe ganz, in der Sekundarstufe so weitgehend abgeschafft, dass es eigentlich zum Wahlfach geworden ist. Beim wahlfreien Religionsunterricht dagegen tut der Staat alles, um die eine Wochenstunde zu schützen und sie faktisch zum Pflichtfach zu machen; Religion gibt es dabei nur in der Einzahl als katholische Religion. Die Finanzierung katholischer Privatschulen ist durch Artikel 33 der Verfassung eigentlich verboten, denn er besagt: »Verbände und Privatpersonen haben das Recht zur Einrichtung von Schulen und Erziehungsanstalten, sofern keine Lasten für den Staat entstehen.« Dennoch hat es die letzte Mitte-Links-Regierung unter Ministerpräsident Prodi geschafft, in dieser Beziehung noch spendabler zu sein als ihre Vorgängerin unter Berlusconi mit seiner Erziehungsministerin Letizia Moratti.

Der einstündige Wahlunterricht in katholischer Religion kostet den italienischen Steuerzahler ungefähr eine Milliarde Euro im Jahr. Dieser zweitgrößte Posten der direkten Subventionen des italienischen Staates für die katholische Kirche liegt nur um wenige Millionen Euro unter den »acht Promille« und wird wohl bald an die erste Stelle rücken. Die jüngsten Daten des Ministeriums weisen 650 Millionen für die Gehälter der Religionslehrer aus, doch diese Zahlen beziehen sich auf das Jahr 2001, als es lediglich 22.000 ausschließlich befristet angestellte Religionslehrer gab. Im Jahr 2008 ist die Zahl auf 25.679 gestiegen, von denen 14.670 fest angestellt sind, seit unter Berlusconi und später auch unter Prodi im Eiltempo eine Reihe von Massenbewerbungsverfahren durchgezogen wurde.

Das Geschenk einer festen Anstellung für die Religionslehrer hat endlose juristische Auseinandersetzungen nach sich gezogen. Aus mindestens zwei Gründen. Einmal geht es ums Prinzip: Die Teilnahme am Religionsunterricht ist freiwillig, und deshalb dürften dafür keine fest angestellten Lehrer eingesetzt werden. Darüber hinaus werden die Religionslehrer von den Bischöfen und nicht vom Staat ausgewählt, ein Problem, zu dem eine Entscheidung der Europäischen Kommission aussteht. Wenn die Diözese nämlich beispielsweise ihre Zustimmung zur Eignung des Lehrers zurückzieht, was aus vielerlei Gründen der Fall sein kann (z.B. wegen einer Scheidung), muss der Staat trotzdem den ehemaligen Lehrer bis zu seiner Pensionierung beschäftigen. Zum andern geht es um die finanzielle Gleichstellung von »normalen« und Religionslehrern. Bei gleicher Leistung verdienen die Religionslehrer nämlich mehr als die Lehrer der Pflichtfächer. Schon als sie nur Zeitverträge hatten, bezogen die Religionslehrer höhere Gehälter. Es gehört zu den bürokratischen Mysterien Italiens, warum eine Gesetzesbestimmung, die für befristete Verträge alle zwei Jahre einen Alterszuschlag von 2,5 Prozent vorsah, einzig und allein auf die Religionslehrer angewandt wurde. Diese Bevorzugung wurde nicht nur aufrechterhalten, sondern mit dem Übergang zu unbefristeter Anstellung sogar noch festgeschrieben. Dagegen haben zuerst Dutzende von Lehrern mit Zeitverträgen für andere Fächer und nun Hunderte von fest angestellten Lehrer geklagt, wobei sie auf nationaler Ebene von dem Arbeitsrechtler Claudio Zaza vertreten werden. Falls diese Klagen von den Arbeitsgerichten positiv entschieden werden, was keineswegs unwahrscheinlich ist, müsste der Staat eine Summe von mindestens einer Milliarde Euro auf den Tisch legen.

Abgesehen von den rechtlichen Problemen drängt sich jedem, der sich an den Religionsunterricht seiner eigenen Schulzeit erinnert oder heute einen Vormittag in der Schule seiner Kinder verbringt, eine Frage auf: Lohnt es sich, in Zeiten schmerzhafter finanzieller Einschnitte im Bildungsbereich alljährlich eine Milliarde Euro für dieses »Relikt des Konkordats« auszugeben, wie es der katholische Schriftsteller Vittorio Messori genannt hat? Wie die Dinge derzeit liegen, besteht der Religionsunterricht aus einer merkwürdigen Mischung von Gruppenanimation und vagen ethischen Konzepten, die höchstens einen Vormittag lang in den Köpfen der Schüler haften bleiben. Die Bibel wird nur selten erwähnt und fast nie gelesen – auch weil die Geschichten, wie Umberto Eco vor vielen Jahren in seinem *Diario minimo* (Kleines Tagebuch) süffisant formuliert hat, von Sex und Gewalt nur so triefen und deshalb für Kinder kaum geeignet sind. Religions- und Kirchengeschichte werden höchstens kurz durchgenommen, ohne ihre grausamen Seiten zu erwähnen. Was bleibt dann übrig?

In Europa steht das Problem des Religionsunterrichts an

den öffentlichen Schulen im Mittelpunkt lebhafter Diskussionen, die sich in ihrem intellektuellen Niveau weit über den Streit zwischen Klerikalismus und Antiklerikalismus erheben. In Frankreich, wo die Trennung zwischen Kirche und Staat strenger als anderswo beachtet wird, brach Régis Debray, der Freund Che Guevaras und Ratgeber Mitterands, seinerzeit aus der einheitlichen Front der Laizisten aus und sprach sich dafür aus, die Geschichte der Religionen als Unterrichtsfach einzuführen. In Großbritannien löste der Psychologe Nicholas Humphrey eine heftige Debatte aus, als er in Anlehnung an die Theorie des berühmten Biologen Richard Dawkins (*Der Gotteswahn*) erklärte: »Die schulische Vermittlung von nicht objektiven und nicht nachweisbaren Fakten wie beispielsweise die Behauptung, dass Gott die Erde in sechs Tagen erschaffen habe, ist eine Verletzung der Kinderrechte und nichts anderes als Missbrauch.« Von Dawkins selbst stammt der Satz, dass »wir ohne Zögern ein Kind als Christen oder Muslim bezeichnen, wenn es noch viel zu klein ist, diese Dinge zu verstehen, während wir nie sagen würden, ein Kind sei Marxist oder Keynesianer. Bei der Religion macht man eine Ausnahme.« Diese Ausnahme prägt den Menschen für sein ganzes Leben, wie diejenigen bestätigen können, die aus der Kirche ausgetreten sind oder sich in entsprechenden Vereinen organisieren. Den Stempel der Religion zu beseitigen, den man unmittelbar nach der Geburt aufgedrückt bekommen hat, ist schwierig und oft auch nutzlos. Das zeigt die berühmte Frage der Iren: »Atheist, schön und gut, aber bist du katholischer oder protestantischer Atheist?«

In Deutschland, Spanien, ja sogar im zutiefst katholischen Polen Karol Wojtylas beschränkte sich die Diskussion nicht auf die Medien, sondern hat zu neuen Gesetzen und Lehrplänen geführt; so wurden andere Glaubensrichtungen (etwa Islam und jüdischer Glaube) in den wahlfreien Religionsunterricht einbezogen oder die Religionslehre in vergleichende Religionsgeschichte umgewandelt, beides Tendenzen, die in Europa weit verbreitet sind. Italien ist das einzige demokratische Land, in dem die Möglichkeit, den Religionsunterricht auf andere Konfessionen weiter auszudehnen, noch nicht einmal in Erwägung gezogen wurde, obwohl dies eine offene Verletzung eines Grundprinzips jeder Demokratie darstellt, nämlich der Gleichbehandlung der Glaubensbekenntnisse durch den Staat. Schon allein der Vorschlag, den Religionsunterricht wie im restlichen Europa (mit Ausnahme von Irland und dem orthodoxen Zypern) für andere Glaubensrichtungen als den Katholizismus zu öffnen, wird in Italien als Beweis für Radikalismus, tief sitzenden Antiklerikalismus, jüdischen Lobbyismus oder sogar als Sympathie für Al Quaida betrachtet. Den Religionsunterricht wie in Frankreich ganz abzuschaffen kommt selbst den schärfsten Verfechtern der Trennung von Kirche und Staat nicht in den Sinn. Den Mut zu einer solchen Forderung besaßen wie so oft lediglich einige katholische Intellektuelle. Der bereits erwähnte Vittorio Messori äußerte dazu beispielsweise: »Wenn es nach mir ginge, würde ich den Religionsunterricht sofort streichen. Aus katholischer Sicht kann Glaubenserziehung nur Katechese sein, und in den staatlichen Schulen, die von allen finanziert werden, kann und darf man nicht den Katechismus lehren. Das müssten die Pfarreien auf Kosten der Gläubigen übernehmen ... Deshalb sollten wir die Religionslehrer von den öffentlichen Schulen zurückziehen, sie von den Pfarreien anstellen und dafür uns Gläubige aufkommen lassen.«

Messori lehnt auch die staatliche Subventionierung katholischer Schulen ab. Während die Democrazia cristiana sich fünfzig Jahre lang dagegen gesperrt hatte, wurde sie im Jahr 2000 von Luigi Berlinguer, dem Bildungsminister der Mitte-Links-Koaliton, eingeführt und von dessen Nachfolgerin unter Berlusconi aufgestockt. Der Trick, mit dem man die Verfassung umging, war die Vergabe eines finanziellen »Bonus« für jeden Schüler. Auch der nächste Bildungsminister unter Prodi, Beppe Fioroni, sicherte zu, daran festzuhalten. Beim Jahrestreffen der größten katholischen Jugendorganisation in Rimini erklärte er: »Der Staat sollte eigentlich anerkennen, dass jede zusätzliche nichtstaatliche Schule öffentliche Gelder einspart und damit Steuersenkungen ermöglicht. Nicht mehr.« Der ehemalige Erzbischof von Mailand, Kardinal Carlo Maria Martini, hatte dagegen den Religionsunterricht an italienischen Schulen als nutzlos oder sogar als eine »Beleidigung« bezeichnet und empfohlen, ihn entweder auf zwei Stunden zu erhöhen, um ihn so zu einem ernsthaften Fach zu machen, oder ihn einfach abzuschaffen. Die Bischofskonferenz erwiderte auf derartige Vorschläge stets, der Religionsunterricht sei ein Erfolg, weil er von zweiundneunzig Prozent der Schüler gewählt werde und damit ein Beweis für die tiefe Verwurzelung des Katholizismus in Italien sei. Wenn die Bischöfe ihren Gläubigen so sehr vertrauen, dann versteht man freilich nicht, warum sie vom Staat verlangen (und erreichen), dass der Religionsunterricht nie auf die Randstunden am Anfang oder Ende des Unterrichts gelegt wird, wie es für Wahlunterricht sinnvoll wäre, und warum sie praktisch verlangen (und erreichen), dass kein alternatives Fach angeboten wird. Außerdem steht die ostentativ zur Schau getragene Sicherheit im Widerspruch dazu, dass die Bischofskonferenz in ihrem Bericht vom April 2007 Alarm schlug, weil immer weniger Schüler den Religionsunterricht besuchen. In den Grundschulen liegt der Prozentsatz der Schüler, die nicht teilnehmen, bei 5,4 Prozent, in den höheren Schulen, wo die Schüler älter sind und selbst entscheiden können, bei durchschnittlich 15,4 Prozent (mit Spitzenwerten von über 50 Prozent nicht nur in den »roten« Regionen wie der Toskana oder der Emilia Romagna, sondern auch in der Lombardei und in den großen Städten).

Der hohe Anteil der Schüler an Vor- und Grundschulen, die am Religionsunterricht teilnehmen, rührt auch von dem andauernden subtilen (oder auch weniger subtilen) Druck her, der auf die Eltern ausgeübt wird, ihre Kinder anzumelden. Ein paar Jahrhunderte vor Sigmund Freud hatten die Jesuiten bereits begriffen, wie entscheidend die ersten Lebensjahre für die Prägung des Menschen sind. Im Zuge der Untersuchung, die ich für meine Zeitung »La Repubblica« durchgeführt habe, bin ich auf zahlreiche Beweise dafür gestoßen, wie im Kleinen und Großen auf zuweilen sehr dramatische Weise Druck ausgeübt wird. Ich will sie nicht zitieren, um den Betroffenen nicht weitere Probleme zu bereiten. Von *meinem eigenen* Fall dagegen kann ich sprechen.

Ich persönlich habe nichts gegen Religionsunterricht, solange es sich um eine freie Wahl handelt. Wie die meisten Italiener bin auch ich katholisch erzogen werden. Die Priester meiner Grundschulzeit haben mich keineswegs traumatisiert. An die drei Jahre von der dritten bis zur fünften Klasse, in denen ich an der Opera Don Calabria im Norden Mailands nahe dem Parco Lambro von katholischen Lehrerinnen und Priestern unterrichtet wurde, habe ich sogar ausschließlich gute Erinnerungen: Die Lehrer stammten alle aus der Gegend von Verona, kamen aus Arbeiter- oder Bauernfamilien, waren gute Lehrer, ausgesprochen nette Menschen und in einigen Fällen begnadete Fußballtrainer. Dennoch kann niemand meine Frau und mich von der Notwendigkeit überzeugen, einem Kind von fünf Jahren Religionsunterricht aufzuzwingen, und deshalb haben wir unseren Sohn Zeno nicht dafür eingetragen. Eine Lehrerin der öffentlichen Schule fragte mich in vorwurfsvollem Ton, ob ich vielleicht praktizierender Jude oder Protestant sei oder einer anderen Glaubensrichtung angehöre. Dann, so erklärte sie mir, sei die Sache ganz einfach, denn viele jüdische, protestantische, ja sogar »islamische« Eltern würden ihre Kinder für den katholischen Religionsunterricht einschreiben, damit sich »ihre Kinder nicht isoliert fühlen«. Diese Einstellung gefiel mir eingestandenermaßen gar nicht. Aber immer noch besser als das, was ein Freund von uns zu hören bekam: »Wenn Ihr Sohn nicht am Religionsunterricht teilnimmt, muss er allein auf dem Flur bleiben und dort spielen.«

Während des Religionsunterrichts werden mein Sohn und die anderen »Renitenten« in eine andere Klasse geschickt, während es meines Erachtens gerade umgekehrt sein müsste, wie bei den anderen Wahlfächern, die nicht im Klassenzimmer stattfinden. Die Religionslehrerin ist keine Nonne, aber sie lässt mich mit Wehmut an den Priester in seiner Soutane denken, der eine eindeutige Botschaft vertrat, gegen die man sich durch Zweifel leichter zur Wehr setzen konnte.

Doch kehren wir zu unserem Ausgangspunkt, dem Beispiel Spaniens, zurück. Die Auseinandersetzung um den Religionsunterricht und die katholischen Schulen in Spanien führte 2007 zu einer heftigen Kontroverse zwischen der sozialistischen Regierung und den Bischöfen, die in einem scharf geführten Wahlkampf kulminierte. Die katholische Kirche Spaniens rief die Menschen zu Massendemonstrationen auf und sprach sich unmissverständlich gegen die Wahl der Linken aus. Der spanische Regierungschef blieb jedoch bei seinem Kurs, gab in keinem Punkt nach und widerstand auch den mäßigenden Ratschlägen einiger alter Parteigrößen, darunter vor allem Felipe González (»alt« ist er für spanische Verhältnisse, in Italien wäre er mit seinen fünfundsechzig Jahren im besten politischen Alter). Am 9. März wurde die PSOE Zapateros mit elf Millionen Wählerstimmen, d. h. 44 Prozent, triumphal im Amt bestätigt. Wäre das ein Vorbild für Italiens überängstliche Laizisten auf der Linken? Das alte Italien würde vielleicht anders reagieren als das junge Spanien, sobald es zum offenen Konflikt zwischen dem Vatikan und einer politischen Gruppierung käme. Doch der typische Fehler der italienischen Linken besteht darin, die Haltung der katholischen Massen mit der der Bischöfe in eins zu setzen. Dass beide keineswegs immer übereinstimmen, wurde deutlich, als 1974 die Aufrechterhaltung der Scheidung und 1981 die Straffreiheit für Abtreibung durch Volksbegehren bestätigt wurden. Unter den gläubigen Schäfchen, über die die geistlichen »Hirten« glauben wachen zu müssen, sind diejenigen, die sich in Fragen der Ethik, ihrer staatsbürgerlichen Rechte und ihres Sexuallebens eine eigene Meinung bilden, längst in der Mehrheit. Der Spielraum für eine tatkräftigere Verteidigung der Trennung von Kirche und Staat in der Demokratie wäre also durchaus vorhanden (nach den Worten des Verfassungsrechtlers Sergio Lariccia ist »ein System nur demokratisch, wenn es auch laizistisch ist«). Man bräuchte gar nicht das spanische Beispiel nachzuahmen, es würde genügen, an die politische Tradition Italiens vor der Zeit des Faschismus anzuknüpfen. In den sechzig Jahren von der Vollendung der italienischen Einheit durch die Einnahme Roms bis zum Konkordat von 1929 gab es in Italien weder Religionsunterricht, noch waren Kruzifixe in den Klassenzimmern vorgesehen. Doch seit dem Risorgimento hat in der politischen Kultur Italiens nicht nur bei der Rechten, sondern auch in der politischen Mitte und bei der Linken eine autoritäre Einstellung die Oberhand gewonnen, und uneingestandenermaßen beneidet man bis heute die Kirche dafür, wie sie ihre »Schäfchen« zu führen versteht.

Wie weit der Laizismus innerhalb der italienischen Linken zurückgedrängt ist, lässt sich an einem kleinen Beispiel illustrieren. Im Dezember 2007 genügte ein Interview des vatikanischen Staatssekretärs Tarcisio Bertone in der Zeitschrift »Famiglia Cristiana«, um die regierende Linke zu spalten und den vorsichtigen Vorstoß Prodis in der Frage der Anerkennung nichtehelicher Lebensgemeinschaften zu stoppen. Kardinal Bertone hatte unter anderem behauptet, »die kommunistische Partei Gramscis, Togliattis und Berlinguers hätte einer solchen Entgleisung in die Laizität nie ihre Zustimmung gegeben«. Diese schulmeisterliche Belehrung

über den Gründer und die beiden wichtigsten General-
sekretäre der kommunistischen Partei in der Nachkriegszeit
wurde von der Linken mit dröhnendem Schweigen beant-
wortet. Nun könnte man über Togliattis und Berlinguers
Haltung gegenüber der Kirche vielleicht noch streiten, bei
Gramsci aber in keinem Fall.

In Gramscis *Gefängnisheften*, den Aufzeichnungen aus
seiner Zeit in faschistischer Haft, findet sich eine messer-
scharfe Analyse über den Anteil der Kirche am Scheitern Italiens als Nation. Die vollständige Trennung von Kirche und
Staat in der italienischen Gesellschaft ist für den Autor eine
»vorrangige Aufgabe der Arbeiterbewegung«. Das ganze
Werk Gramscis ist von negativen Urteilen über das politische
Handeln der katholischen Kirche durchzogen, bis hin zu der
bekannten Schlussfolgerung, der Vatikan stelle »die größte
reaktionäre Kraft in Italien dar«. Für die Kirche gelten laut
Gramsci diejenigen Regierungen als despotisch, die ihre Privilegien antasten, und diejenigen von der Vorsehung geschickt, die diese – wie der Faschismus – erweitern.

In einem Brief an die Internationale beschrieb Gramsci
die Struktur der katholischen Kirche folgendermaßen: »Der
Apparat des Vatikans umfasst in Italien ungefähr 200.000
Personen, eine eindrucksvolle Zahl, wenn man bedenkt, dass
darunter Tausende und Abertausende von Menschen sind,
die Intelligenz, Bildung und vor allem die Fähigkeit und Erfahrung besitzen, Intrigen zu spinnen und auf verschwie-
genen Wegen systematisch politische Pläne durchzusetzen.
Viele von ihnen verkörpern die ältesten und erprobtesten
Traditionen der Massenorganisation und stellen deshalb die
größte reaktionäre Kraft in Italien dar, eine Kraft, die umso

mehr zu fürchten ist, als sie heimtückisch und unfassbar ist. Bevor der Faschismus die Macht an sich reißen konnte, musste er sich mit dem Vatikan verständigen. Es heißt, der Vatikan habe sich trotz seines Interesses an der Machtübernahme des Faschismus seine Unterstützung teuer bezahlen lassen. Die Rettung des Banco di Roma [im Jahr 1923], wo ein Großteil des kirchlichen Vermögens angelegt war, hat, nach allem, was man weiß, das italienische Volk mehr als eine Milliarde Lire gekostet.«

Die einzig mögliche Erklärung für die Behauptungen Bertones ist die, dass er das Werk Gramscis nie gelesen hat. Doch man fragt sich auch, ob die Parteistrategen der Linken es je in die Hand genommen oder warum sie das Gelesene lieber vergessen haben. Die Auseinandersetzung über »das Thema Vatikan« wird bei den zahlreichen Tagungen zu Gramsci systematisch ausgeklammert. Umgekehrt ist bei Tagungen der katholischen Kirche zum Thema Schule nie mehr von ihrem größten Pädagogen, Don Lorenzo Milani, die Rede, der mit seiner »Schule von Barbiana« in den sechziger Jahren des 20. Jahrhunderts auf die Notwendigkeit der Bildung für die Armen und Unterprivilegierten aufmerksam machte. Milanis Vorstellung vom Religionsunterricht war einfach und ökonomisch: »Es steht alles im Katechismus, den jeder für ein paar Lire mit nach Hause nehmen kann.«

6

DIE GEHEIMNISSE DER
VATIKANBANK IOR

Als einzige Religion verfügt der Katholizismus über eine Soziallehre, die sich auf den Kampf gegen die Armut und auf die Verurteilung des Geldes als »Teufelswerk« gründet. Im Matthäus-Evangelium heißt es: »Es ist leichter, dass ein Kamel durch ein Nadelöhr gehe, denn dass ein Reicher ins Reich Gottes komme.« Aber der Katholizismus ist auch die einzige Religion, die über eine eigene Bank verfügt, um ihre Geschäfte und Investitionen zu regeln: das Istituto per le Opere di Religione, kurz IOR.

Sitz des IOR ist ein steinerner Schrein innerhalb der vatikanischen Mauern: ein eindrucksvoller Turm, den Nikolaus V. 1453 im Jahr der Einnahme Konstantinopels durch die Osmanen als Symbol der belagerten Christenheit hatte errichten lassen. Die Grundmauern dieses Bollwerks sind neun Meter dick. Man betritt die Bank durch eine unscheinbare Tür ohne Beschriftung, Hinweis oder Logo. Lediglich die Rund-um-die-Uhr-Bewachung durch Schweizer Garden lässt erahnen, wie wichtig das Gebäude ist. In seinem Inneren befinden sich ein großer Saal voller Computer, ein einziger Schalter und ein einziger Geldautomat.

Dieses Nadelöhr passieren ungeheure und oft nicht ganz geheure Vermögenswerte. Die vorsichtigsten Schätzungen rechnen mit Einlagen im Wert von fünf Milliarden Euro. Die

Vatikanbank bietet ihren Girokunden – zu denen, wie ihr Präsident Angelo Caloia einmal zugeben musste, auch einige Leute gehören, »die Probleme mit der Justiz haben« – eine bessere Verzinsung als die besten Hedge-Fonds und einen unbezahlbaren Vorteil: das absolute Bankgeheimnis. Für Kontrollen unzugänglicher als die Cayman-Inseln und verschwiegener als Schweizer Banken ist die Vatikanbank ein wahres (Steuer-)Paradies auf Erden. Keine einzige der Vorschriften zur Verhinderung von Geldwäsche hat hier Geltung. Keiner internationalen Behörde wurde je eine Kontrolle gestattet. Es gibt auch kein Scheckbuch mit der Aufschrift »IOR«. Ein großer Teil der Einlagen und des Geldtransfers erfolgt in bar oder in Goldbarren. Ohne eine Spur zu hinterlassen.

Seit vor zwanzig Jahren der Prozess um die Pleite des Banco Ambrosiano zu Ende ging, ist das IOR ein schwarzes Loch, in das niemand hineinzuschauen wagt. 1982 war der katholische Banco Ambrosiano wegen internationaler Finanzspekulationen ihres Präsidenten Roberto Calvi zusammengebrochen und hatte Verbindlichkeiten im Wert von 1 200 Milliarden Lire hinterlassen. Hauptaktionär des Banco Ambrosiano war das IOR unter Leitung von Monsignor Paul Marcinkus. Um aus der Pleite des Banco Ambrosiano herauszukommen, die Tausende von Familien ruiniert hatte, überwies die Vatikanbank den Insolvenzverwaltern 250 Millionen Dollar. Weniger als ein Viertel der 1 159 Millionen, die der Vatikan nach Meinung des damaligen Schatzministers Beniamino Andreatta hätte zahlen müssen. Der Skandal war umrankt von zahlreichen Legenden und begleitet von aufsehenerregenden Todesfällen bzw. Morden. Der Ermittlungsrichter Emilio Alessandrini, der sich bereits in den siebziger Jahren mit dem Banco Ambrosiano befasst und Verbindungen zu Geheimdiensten und linksradikalen Gruppen nachgespürt hatte, war schon 1979 von Mitgliedern der ultralinken Gruppe Prima Linea erschossen worden. Roberto Calvi wurde wenige Tage vor dem Zusammenbruch seiner Bank unter der Blackfriars Bridge in London erhängt aufgefunden. Marcinkus hatte auch in engstem Kontakt zu dem Italoamerikaner Michele Sindona gestanden, dessen Bank seit 1974 dem Insolvenzverwalter Giorgio Ambrosoli unterstellt war. Ambrosoli wurde 1979 von einem aus den USA angereisten Killer vor seinem Haus erschossen. Als Anstifter dieses Mordes wurde Michele Sindona verurteilt, starb aber 1986 im Gefängnis von Voghera nach dem Genuss seines morgendlichen Espresso. Dazu kommt der bis heute ungeklärte und höchst beunruhigende plötzliche Tod von Papst Johannes Paul I., der mit all dem im Zusammenhang steht: Nach nur dreiunddreißig Tagen im Amt verstarb er 1978 am Vorabend der Entscheidung, Paul Marcinkus und die Spitze des IOR abzulösen. Das unerwartete Ende des Papstes hat – nicht zuletzt aufgrund der Informationssperre des Vatikans – zahlreichen makabren Verschwörungstheorien Nahrung gegeben. Es fand keine Autopsie statt, die den angeblichen plötzlichen Infarkt hätte bestätigen können, und auch die Aufzeichnungen über das IOR, die der Papst laut zahlreicher Zeugenaussagen in der letzten Nacht mit ins Bett genommen hatte, sind nie wiederaufgetaucht.

Paul Marcinkus, der Sohn eines litauischen Fensterputzers, wurde im amerikanischen Cicero (Chicago) geboren, ein paar Straßen entfernt vom ehemaligen Hauptquartier Al

Capones, und machte eine der spektakulärsten und unerklärlichsten Karrieren in der neueren Geschichte der katholischen Kirche. Der große, athletisch gebaute Mann, der auch ein guter Baseball- und Golfspieler war, hatte Papst Paul VI. 1970 bei einem Attentat auf den Philippinen das Leben gerettet, als er dem Täter, einem bolivianischen Künstler, mit geübtem Griff das Messer entriss.

Paul VI., mit bürgerlichem Namen Giovanni Battista Montini, war Schüler von Jacques Maritain, dem geistigen Vater der fortschrittlichsten Enzyklika der Kirchengeschichte, der 1967 veröffentlichten *Populorum progressio.* Deshalb reicht die heroische Geste allein kaum aus, um die Sympathie dieses asketischen, intellektuellen Papstes gegenüber dem amerikanischen Priester mit seinen ruppigen Manieren zu erklären. Marcinkus trat – die Golfausrüstung im Sportwagen stets zur Hand und eine Havanna im Mundwinkel – als Spieler an der Wall Street auf, umgab sich mit auffallend schönen blonden Sekretärinnen und spielte gern mit Leuten Poker, die in undurchsichtige Geschäfte verwickelt waren. Ein Draufgänger, der sich beim Zusammenbruch des Banco Ambrosiano damit rechtfertigte, man könne die Kirche »nicht mit Avemarias leiten«.

Nachdem Johannes Paul I. tot und mit ihm die Sanierung des IOR gestorben war, verständigte sich Marcinkus schnell mit dessen Nachfolger auf dem Stuhle Petri. Der Sohn osteuropäischer Einwanderer gefiel Karol Wojtyla, weil er gut Polnisch sprach, die Kommunisten hasste und den Kämpfen der Solidarność wohlwollend gegenüberstand. In der politischen Atmosphäre jener Jahre, in denen selbst Kardinalstaatssekretär Agostino Casaroli im Zeichen einer neuen

Ostpolitik den Dialog mit den osteuropäischen Nomenklaturen suchte, erschien es dem Papst, der den Kommunismus besiegen sollte, wie ein Gottesgeschenk, einen Gleichgesinnten gefunden zu haben, mit dem er sich über den roten Satan auslassen konnte.

Als die Richter in Mailand gegen Marcinkus Haftbefehl erließen, zog sich der Vatikan hinter seine Mauern zurück, schirmte ihn ab und verweigerte unter dem Hinweis auf den ausländischen Pass von Marcinkus und die Exterritorialität des Vatikans jegliche Zusammenarbeit mit der italienischen Justiz. Erst zehn Jahre später entschloss sich Johannes Paul II. dazu, mit Marcinkus einen Hauptverantwortlichen für die betrügerische Pleite des Banco Ambrosiano aus dem Präsidium des IOR zu entfernen. Auch dies geschah ohne ein Wort der Verurteilung, ohne eine Andeutung von Kritik: Marcinkus war und bleibt für die katholische Hierarchie »ein Opfer«, ja sogar »ein naives Opfer«. Erst seit mit Angelo Caloia ein Gentleman des katholischen Finanzwesens Präsident des IOR wurde, hat sich einiges geändert. Anderes nicht.

Dass die Aufgabe, den Sumpf des IOR trockenzulegen, mit Caloia einem Laien übertragen worden war, wurde von der vatikanischen Hierarchie nach außen ebenso hochgelobt, wie intern, vor allem in den ersten Jahren, behindert. Caloia selbst vertraute dies dem katholischen Journalisten Giancarlo Galli an, der 2003 ein grundlegendes, aber seltsamerweise kaum wahrgenommenes Buch über die Finanzen des Vatikans und seiner einflussreichsten Vertreter veröffentlicht hat. »Der eigentliche Herr des IOR«, schreibt Galli, »blieb Monsignor Donato De Bonis, der Beziehungen zu allen unterhält, die in Politik und Gesellschaft Roms Rang und Namen haben. Der ehemalige Staatspräsident Francesco Cossiga nannte ihn Donatino, und der mehrmalige Ministerpräsident Giulio Andreotti hielt große Stücke auf ihn. Beste Beziehungen besitzt er auch in Kreisen des Adels, der Finanzwelt und zu Künstlern wie Sophia Loren. Das erklärt vielleicht, warum als Kontoinhaber des IOR auch Persönlichkeiten auftauchen, die in gerichtliche Verfahren verwickelt waren. Es genügte ein Wink an den Monsignore, um ein geheimes Konto zu eröffnen.« Manchmal begleitete De Bonis seine Kunden mit ihrem Bargeld oder ihren Goldbarren persönlich über die Treppe in die Tresorräume im oberen Teil des Turmes. Die Schatzkammer des IOR befindet sich nämlich nicht wie in vielen Banken im Keller, sondern ganz oben, »näher zum Himmel«.

Zwischen dem Präsidenten Caloia und – dem ihm theoretisch untergeordneten – De Bonis kam es ständig zu heftigen Auseinandersetzungen. Dazu bemerkt Giancarlo Galli: »Nach einer goldenen Regel für Manager muss im Falle eines Konflikts zwischen einem Vorgesetzten und seinem Mitarbeiter der Letztere nachgeben. Da aber das IOR eine ganz besondere Institution ist, spielt im Falle eines Streits mit einem Soutanenträger die Hierarchie keine Rolle mehr.« Die Glasnost-Politik Caloias im vatikanischen Finanzwesen machte rasche Fortschritte, konnte aber nicht verhindern, dass der Schatten des IOR fast in allen Skandalen der letzten zwanzig Jahre auftaucht, von der unter dem Namen »Tangentopoli« Anfang der neunziger Jahre aufgedeckten politischen Korruption bis zu dem als »Calciopoli« (von *calcio*: Fußball) bekannt gewordenen Skandal um millionenschwere Schiebung in der Fußballliga, der 2006 die Öffentlichkeit schockierte.

Tangentopoli erreichte im Herbst 1993 seinen Höhepunkt. Der ehemalige Präsident des italienischen halbstaatlichen Mineralölkonzerns ENI, Gabriele Cagliari, der wegen Bestechung in Untersuchungshaft saß, wurde im Juli mit einer Plastiktüte erstickt aufgefunden. Wenige Tage später starb Raul Gardini, Eigentümer des Chemieriesen Montedison, durch einen Schuss in die Schläfe. Gardini war nach den Ermittlungen der Justiz einer der Hauptverantwortlichen für die riesigen Bestechungsgelder, die bei der – schließlich gescheiterten – Fusion seiner Montedison mit der halbstaatlichen Enichem zur sogenannten Enimont geflossen waren. Einige Monate später erreichte den Präsidenten des IOR ein Anruf des Chefanklägers der Gruppe »Mani Pulite«, Francesco Saverio Borelli: »Herr Professor Caloia, es gibt Probleme wegen der Kontakte des IOR zu Enimont…« Gemeint war die Tatsache, dass ein Großteil der in diesem Fall geflossenen Bestechungsgelder – genau gesagt 108 Milliarden Lire in Schatzbriefen – über die Vatikanbank abgewickelt worden war, und zwar über das Konto eines alten Kunden namens Luigi Bisignani, eines Journalisten und Mitarbeiters von Raul Gardini, der aber auch auf eigene Rechnung Geschäfte machte und später wegen der Affäre Enimont zu drei Jahren und vier Monaten Gefängnis verurteilt wurde. Neuerdings ist sein Name in einem weiteren Bestechungsskandal, in den Silvio Berlusconi verwickelt ist, wiederaufgetaucht. Entsetzt über den Anruf Borellis wandte sich Caloia eilends an Monsignor Renato Dardozzi, den Vertrauten von Staatssekretär Agostino Casaroli. »Monsignor Dardozzi sagte in seinem drastischem Stil«, erzählte Caloia selbst dem Autor Galli, »dass ich in der Scheiße säße, und damit ich es auch wirklich kapierte, ließ er mir ein Feldbett im Vatikan aufstellen. Ich lehnte ab und erklärte, ich wolle lieber weiter im Hotel Hassler wohnen. Dennoch akzeptierte ich es, mich juristisch beraten zu lassen. Eine Antwort musste man Borelli in jedem Fall geben!« Die Antwort beschränkte sich auf wenige, unmissverständliche Worte: »Jede eventuelle Aussage setzt ein internationales Rechtshilfeersuchen voraus.« Die Staatsanwälte und Richter im Team von »Mani Pulite« prüften daraufhin die Chancen eines Rechtshilfeersuchens. Das IOR unterhält in Italien keine Bankschalter, gibt keine Schecks aus und ist als »zentrale Einrichtung der Vatikanstadt« durch die Artikel 11 und 18 des Konkordats geschützt. Eigentlich wurde das IOR erst nach Abschluss der Lateranverträge im Mai 1929 gegründet, nämlich erst im Juni 1942, aber seine Natur als »zentrale Einrichtung« wurde der Vatikanbank durch den Kassationsgerichtshof im April 1987 zuerkannt. Das bedeutet, dass ein Antrag auf Ermittlungen über das IOR vom Außenministerium gestellt werden müsste.

Die Wahrscheinlichkeit, ein Rechtshilfeersuchen durchzubringen, ist unter diesen Umständen gleich null, und die Staatsanwälte wussten das. Eine solche Anfrage der Staatsanwaltschaft hätte zudem eine verheerende Wirkung auf die öffentliche Meinung ausgeübt. Da die italienischen Zeitungen überwiegend in der Hand großer Wirtschaftsunternehmen sind, von denen einige in die Skandale verwickelt waren, wäre es für die Presse ein gefundenes Fressen gewesen, das Team von »Mani Pulite« als einen Haufen verrückter Fanatiker darstellen zu können, die drauf und dran waren, auch gegen den Papst ein Verfahren einzuleiten. Das Team trat deshalb den geordneten Rückzug an und tat so, als begnüge man sich mit der offiziellen Lesart des Vatikans: »Das IOR hatte über den Empfänger der Gelder keine Kenntnis.«

Die zweite, noch düsterere Geschichte geht auf die neunziger Jahre zurück, als Marcello Dell'Utri, der ehemalige Stallmeister Berlusconis und später ein wichtiger Mann in seiner Partei, wegen Mafiazugehörigkeit vor Gericht stand. In einer Videokonferenz erklärte der aus den USA zugeschaltete Kronzeuge Francesco Marino Mannoia, dass »Licio Gelli das Geld der sizilianischen Mafia von Totò Riina in der Vatikanbank investierte. [...] Das IOR bot den Sizilianern gute Investitionsmöglichkeiten und absolute Diskretion.« Licio Gelli war der Kopf jener geheimen Loge mit dem Namen »Propaganda 2« (P2), deren Existenz 1981 von der Justiz aufgedeckt und die später vom Parlament aufgelöst wurde. In ihr hatten sich zahlreiche Geschäftsleute (darunter Berlusconi), hohe Offiziere des Heeres und der Geheimdienste, Abgeordnete, Journalisten und Juristen usw. zusammengeschlossen mit dem erklärten Ziel, die verfassungsmäßigen Grundlagen des italienischen Staates in eine autoritäre Richtung zu ändern. Mannoia musste als Herr über die Heroinraffinerien in Westsizilien, mit denen die Mafia ihre größten Gewinne erzielte, darüber Bescheid wissen, wo das Geld verwahrt wurde. Deshalb ging er noch weiter und äußerte folgende Vermutung: »Als der Papst [Johannes Paul II.] nach Sizilien kam und die Mafiosi exkommunizierte, waren die Bosse vor allem deshalb beleidigt, weil sie ihr Geld doch beim Vatikan deponierten. Daraus erwuchs der Plan, zwei Bomben vor zwei römischen Kirchen hochgehen zu lassen.«

Wer die Mentalität der Mafiabosse und ihre moralische Schizophrenie kennt, der versteht den Sinn dieser absurden Empörung. Von Totò Riina bis Salvatore Lo Piccolo wurden bei allen flüchtigen Bossen in ihren Verstecken kleine Hausaltäre gefunden. Die berühmten »pizzini« von Bernardo Provenzano, die Zettelchen, auf denen er seine Befehle erteilte, sind ebenso wie die anderer hochrangiger Bosse von einer Art religiöser Inbrunst getränkt. Die Chefs der kalabrischen 'Ndrangheta, die sich in Norditalien versteckt halten, brechen einmal im Jahr mit den selbst auferlegten strengen Sicherheitsregeln und feiern auf abgelegenen Gutshöfen des Mailänder Hinterlandes im Kreis ihrer Familie mit Gebeten und endlosen Tafeleien das Osterfest. Renatino De Pedis, der Anführer der Gangsterbande der »Magliana« an der Peripherie Roms, der enge Kontakte zur sizilianischen Mafia pflegte und dem hundert Morde zur Last gelegt wurden, hatte von seinen sizilianischen Freunden die »Ehrfurcht vor Gott« übernommen und es sich zur Gewohnheit gemacht, kirchliche Einrichtungen mit großzügigen Spenden zu bedenken. Damit erwarb er sich das Privileg, nachdem er am helllichten Tag auf der Straße niedergeschossen worden war, in vatikanischer Erde, in der Krypta der Kirche Sant'Apollinare neben Bischöfen und Päpsten beigesetzt zu werden. In vielen Kirchen des Südens, beispielsweise im Dom von Siculiana (dem Hauptsitz der Mafia von Agrigent, der ältesten Mafia-Organisation überhaupt), erscheinen die Namen der bekanntesten Mörder der italoamerikanischen Mafia – z.B. aus den Familien der Caruana und Gambino – unter den Wohltätern der Kirche. In dieser Welt war es für die Bosse tatsächlich empörend, als Papst Johannes Paul II. nach den

Massakern an den Staatsanwälten Falcone und Borsellino die Mafia anklagte, waren sie doch seit Jahrzehnten daran gewöhnt, dass kein Bischof in seinen Predigten das Wort »Mafia« auch nur in den Mund nahm, es sei denn, um zu erklären, sie existiere überhaupt nicht.

Der Zeuge Mannoia ist jedenfalls nicht irgendwer, sondern nach Einschätzung des ermordeten Staatsanwaltes Giovanni Falcone der »glaubwürdigste Kronzeuge der Mafia«, wichtiger noch als Tommaso Buscetta, der seit 1983 durch seine Geständnisse der Justiz die ersten großen Erfolge im Kampf gegen das organisierte Verbrechen ermöglicht hatte. Alle Aussagen Mannoias wurden durch objektive Tatsachen bestätigt. Nur zu einem Punkt, nämlich dem IOR, gab es keine weiteren Ermittlungen. Die mit dem Fall befassten Staatsanwälte wussten, wie es ihrem Kollegen Borelli bei seiner Anfrage an den Vatikan ergangen war, und stellten keinen Antrag auf Rechtshilfe. Im Justizpalast von Palermo fragte man sich an höherer Stelle: »Haben wir uns nicht schon genügend Feinde gemacht, um uns jetzt auch noch mit dem Vatikan anzulegen?«

Über die dunklen Geschäfte des IOR war für weitere zehn Jahre der Vorhang gefallen, bis zu dem Skandal um die sogenannten »furbetti del quartierino« (in etwa: die kleinen Schlaumeier aus der Vorstadt). Bei diesem 2005 aufgeflogenen Schwindel hatten aus dem Nichts aufgetauchte Finanzjongleure mithilfe des Direktors einer kleinen Bank, Giampiero Fiorani, zunächst riesige Gewinne im Immobiliengeschäft erzielt und dann Übernahmeschlachten für große Unternehmen wie Telecom Italia, zwei Banken und den Medienkonzern RCS entfacht, zu dem auch der »Corriere della Sera« gehört. Das dafür angewandte trickreiche Verfahren bezeichnete die ermittelnde Staatsanwältin schlicht als »Finanzpiraterie«. Die »furbetti« wurden teilweise vom Präsidenten der italienischen Zentralbank, Antonio Fazio, gedeckt, der sich nach dem Bekanntwerden dieser Kontakte monatelang gegen seinen Rücktritt sträubte. In der Haft erzählte Fiorani am 10. Juli 2007 der Justiz: »Bei der Banca della Svizzera Italiana gibt es drei Konten des Heiligen Stuhles, auf denen ohne Übertreibung zwei oder drei Milliarden Euro liegen.« Gegenüber dem Mailänder Oberstaatsanwalt Francesco Greco zählte Fiorani die schwarz in die Kassen des Vatikans eingezahlten Summen auf: »Zum ersten Mal habe ich Kardinal Castillo Lara [dem Vorsitzenden der kirchlichen Vermögensverwaltung APSA] Schwarzgeld übergeben, nachdem ich die Sparkasse der Lombardei gekauft hatte. Er verlangte 30 Milliarden Lire, möglichst auf ein ausländisches Konto.« Weitere Transaktionen sollten folgen. Es waren viele, wie sich aus den beredten Klagen entnehmen lässt, die Fiorani erhob, als er Kardinal Giovanni Battista Re, den mächtigen Präfekten der Bischofskonferenz und rechte Hand ihres langjährigen Vorsitzenden Kardinal Ruini, aufsuchte: »Bei einem, der euch immer Geld gegeben hat, und zwar immer in bar, und stets zu eurer Zufriedenheit, da ruft ihr nicht einmal bei seiner Frau an, wenn der dann in Schwierigkeiten gerät, um zu fragen, wie es ihm geht.« Der Vatikan ließ Fiorani schnell fallen, am Präsidenten der Banca d'Italia dagegen hielt er bis unmittelbar vor dessen Rücktritt fest, als sich längst alle von ihm distanziert hatten. Die katholischen Blätter »Avvenire« und »L'Osservatore Romano« verfochten bis zum letzten Tag Fazios an der Spitze der italienischen Zentralbank die These vom »politischen Komplott«. Im Übrigen erklärt sich die Karriere dieses seltsamen Bankiers, der bei den Treffen der Zentralbanken nicht ein einziges Mal Keynes, aber Hunderte Male die päpstlichen Enzykliken zitiert hatte, nicht zuletzt aus der Unterstützung, die er vom Vatikan erhielt. Und zwar von Kardinal Camillo Ruini persönlich und auch von Giovanni Battista Re, der mit Fazio so eng befreundet war, dass er 2003 die Messe zur Feier des fünfundzwanzigsten Hochzeitstages für ihn und seine Frau Maria Cristina Rosati zelebrierte.

Überhaupt lässt sich in der neueren Finanzgeschichte Italiens kaum ein Bankrotteur finden, der nicht über ausgezeichnete Kontakte zum Vatikan verfügte und sich nicht als regelmäßiger Kirchgänger und großzügiger Spender erwiesen hätte. Große Stücke hielt man im Vatikan auch auf Sergio Cragnotti, bevor und auch noch ein bisschen nachdem dieser sein Lebensmittel-Imperium Cirio in die betrügerische Pleite getrieben hatte; das Gleiche gilt für Callisto Tanzi und die Firma Parmalat. Als ein kämpferischer Priester namens Luigi Scaccaglia am Firmensitz in Parma provokativ forderte: »Tanzi hat für die Restaurierung des Domes Geld gespendet? Die Kirche muss Wege finden, um die Summe zurückzuzahlen!«, durfte dies in der katholischen Presse nicht verbreitet werden, und der Heilige Stuhl griff den Vorschlag auch nicht auf.

Natürlich schaffen es auch die Aussagen Fioranis nicht, die Geheimnisse um den Tresor des IOR und der APSA zu lüften, deren Beziehungen zu Schweizer Banken und Steuerparadiesen in der ganzen Welt zumindest ungewöhnlich zu nennen sind. Es ist beispielsweise wohl kaum mit Fragen der

Seelsorge zu begründen, dass der Vatikan die Cayman-Inseln aus der jamaikanischen Diözese Kingston, zu der sie natürlicherweise gehören würden, ausgegliedert, als eine *missio sui iuris* direkt dem Heiligen Stuhl unterstellt und Kardinal Joseph Maida, einem Mitglied des IOR Kollegiums, anvertraut hat.

Das vierte und letzte Beispiel der Verwicklung des IOR in italienische Finanzskandale ist im Vergleich zu den vorhergegangenen schon beinahe komisch und betrifft den unter dem Namen Calciopoli bekannt gewordenen Skandal. Im Jahr 2006 waren Ermittler vor allem in Neapel durch das Abhören von Telefongesprächen darauf gestoßen, dass mindestens seit 2004 nicht weniger als achtundsiebzig Fußballspiele der Serie A durch Absprachen oder die Auswahl von Schiedsrichtern manipuliert worden waren. Im Zentrum des Skandals stand der Generalmanager von Juventus Turin, Luciano Moggi, und die von seinem Sohn geleitete Spielervermittlungsagentur GEA. Nach den Ermittlungen der römischen Staatsanwälte Palamara und Palaia unterhielt die GEA ihre schwarzen Kassen bei der Vatikanbank. Diese Geschäfte vermittelte ein anderer mit dem Vatikan eng vertrauter Bankier namens Cesare Geronzi, der – in erster Instanz wegen betrügerischer Insolvenz verurteilt – in zahlreiche Verfahren verwickelt war und dessen Sohn Mehrheitsaktionär der GEA ist. In den Schließfächern des IOR soll auch das ganz persönliche »Schatzkästlein« von Luciano Moggi aufbewahrt sein. Ohne Zweifel genießt Moggi im Vatikan großes Ansehen. Die katholische Presse hat ihn stets verteidigt, er durfte in unmittelbarer Nähe von Ruini an Pilgerreisen nach Lourdes teilnehmen, und seit 2008 firmiert er die Rubrik

»Ethik und Sport« in der Online-Zeitschrift »Petrus«, die Benedikt XVI. nahesteht. Von diesem Forum aus schleuderte der ehemalige Manager von Juventus, gegen den ein Verfahren läuft, bereits die ersten Steine gegen die Korruption (anderer).

Die Geheimnisse des IOR werden vielleicht für immer hinter den Mauern des steinernen Tresors verborgen bleiben. Die Zeiten von Marcinkus sind vorbei, aber die Geschäfte der Bank des Heiligen Stuhls sind keineswegs transparenter geworden. Man weiß lediglich, dass die Kassen und Safes des IOR gut gefüllt sind und dass die Einlagen, angelockt von Zinsen von zwölf Prozent und mehr, weiter fließen. Genauere Zahlen zu liefern ist, wie gesagt, unmöglich. Das wenige Belegte ist Folgendes: Mit mehr als 407 Millionen Dollar Bruttoinlandsprodukt pro Kopf ist die Vatikanstadt der bei weitem »reichste Staat der Welt«, wie in einem schönen Bericht von Marina Marinetti in »Panorama Economy« zu lesen war. Als einzige internationale Behörde untersuchte die Federal Reserve im Jahr 2002 die Finanzen des Vatikans, allerdings nur in Bezug auf die in den Vereinigten Staaten angefallenen Zinsen. Demnach verfügt die katholische Kirche in den USA über 298 Millionen Dollar in festverzinslichen Papieren, 195 Millionen in Aktien, 102 Millionen in langfristigen Obligationen und hat in Joint Ventures mit amerikanischen Partnern für 273 Millionen Dollar investiert. Keine italienische Behörde hat je nachgeforscht, welches ökonomische Gewicht der Vatikan in dem Land besitzt, das ihn beherbergt.

In den letzten Jahrzehnten haben katholische Kreise das Finanzwesen und damit die Festung erobert, die in Italien traditionell in der Hand der laizistischen und liberalen Minderheiten des Landes war. Dieser Prozess verlief seit der Einigung Italiens in der Mitte des 19. Jahrhunderts bis in die zweite Hälfte des 20. zunächst langsam und schrittweise, hat sich aber in den letzten fünfundzwanzig Jahren rapide beschleunigt. Bei seiner Entstehung war das italienische Bankensystem deutlich von laizistischen Vorstellungen geprägt. Der Vatikan bekämpfte vor allem die dabei führend beteiligten Juden und verunglimpfte sie mit der dann von Mussolini übernommenen Formel der »demo-pluto-jüdischen Weltverschwörung«. Um der Industrialisierung Italiens eine solide finanzielle Basis zu geben, berief der langjährige Ministerpräsident Giovanni Giolitti die beiden aus Deutschland stammenden Juden Otto Joel und Federico Weil als Leiter der neu zu gründenden Banca commerciale italiana (Comit). Am Vorabend des Ersten Weltkriegs übergaben die beiden die Geschäfte an Joseph Toeplitz, einen entfernten Verwandten von Otto Joel, der nach den Worten von Giancarlo Galli »so umsichtig war, zum Katholizismus zu konvertieren«, und bis zur Krise von 1929 im Amt blieb. Nach der Unterzeichnung der Lateranverträge wurde er durch den Liberalen Raffaele Mattioli ersetzt, der vierzig Jahre lang dieses Amt bekleidete und, weil er eine gewisse Distanz zum faschistischen Regime gewahrt hatte, auch den Übergang zur Demokratie meisterte. Aus Mattiolis Comit, in der bedeutende Antifaschisten wie Ugo La Malfa und Adolfo Tino wirkten, kam mit der stärkste Widerstand gegen die Einführung der italienischen Rassengesetze in den Jahren 1938/39. Hunderte von Juden wurden von der Comit geschützt, versteckt, in ausländische Filialen versetzt und auf diese Weise vor der Deportation gerettet.

In der Nachkriegszeit begann die lange Ära von Enrico Cuccia an der Spitze der 1946 gegründeten einzigen italienischen Investmentbank Mediobanca. Cuccia war gläubig, aber entschieden antiklerikal, in der Zeit der Resistenza war er Schatzmeister des Partito d'Azione gewesen, aus dem später die Liberale Partei Italiens hervorging. In den fünfzig Jahren, in denen die Christdemokraten ununterbrochen an der Macht waren, war das Bankensystem eine laizistische Oase in einem Italien, in dem der Vatikan überall seinen Willen durchsetzte, angefangen von dem großen halbstaatlichen Wirtschaftssektor bis hin zu den Rundfunk- und Fernsehsendern der RAI. Die damaligen Versuche der katholischen Kirche, im Bankwesen Fuß zu fassen, endeten auf tragische Weise mit dem Bankrott des Banco Ambrosiano und den nachfolgenden mysteriösen Todesfällen von Michele Sindona und Roberto Calvi. Paradoxerweise beginnt jedoch gerade am Vorabend des Zusammenbruchs der Democrazia cristiana und vor allem nach der Auflösung dieser konfessionell gebundenen Partei der große Aufschwung des »katholischen Finanzwesens«. An der Basis und an der Spitze, in den kleinen Provinzbanken ebenso wie in den Großbanken und nicht zuletzt in den seit den neunziger Jahren eingeführten Bankstiftungen (fondazioni bancarie), die die ehemals öffentlichen Sparkassen in Aktiengesellschaften überführten und für die Kontrolle des Privatkundengeschäfts unverzichtbar sind, ergriff ein Heer von Katholiken die Macht. Katholiken im weitesten Sinn des Wortes, denn es finden sich darunter Personen unterschiedlichsten Kalibers: auf der einen Seite Leute wie der ehemalige Präsident der Banca d'Italia, Antonio Fazio, und seine »Schlaumeier«-

Freunde oder der mächtige, in den Fußballskandal verwickelte Cesare Geronzi; auf der anderen Seite ein Gentleman wie Giovanni Bazoli, der Präsident der Banca Intesa, die die alte Comit geschluckt hat. Das Band, das sie alle zusammenhält, ist der politische Katholizismus und ihr enger Kontakt zu den kirchlichen Würdenträgern.

»Arme Kirche, dienende Kirche. Reiche Kirche, herrschende Kirche«, mahnte Alexis de Tocqueville. Unter Camillo Ruini als Vorsitzendem der Bischofskonferenz wurde dieses Motto in die Tat umgesetzt. Die Kirche ist nie so reich gewesen und hat das politische Leben Italiens nie so beherrscht wie heute, nicht einmal zu Zeiten der DC. Doch die Frage bleibt: Mit wessen Geld?

7

ROM, STADT DES VATIKANS

Ich wohne in Rom im Stadtteil Monteverde, nahe dem Gianicolo, und wenn ich ins Zentrum oder ins Parlament muss, nehme ich häufig das Fahrrad. Die vier Kilometer sind bergab leicht in einer Viertelstunde zu bewältigen. Ich radle durch die Via Poerio nach Trastevere hinunter und überquere den Ponte Garibaldi; dann fahre ich auf der anderen Tiberseite durch die Via Arenula, Via di Santa Chiara, Via della Minerva, Via degli Orfani, und schon bin ich am Palazzo Montecitorio, dem Sitz des Parlaments. Eines Tages kam mir in den Sinn, alle Gebäude kirchlicher Einrichtungen zu zählen, denen ich auf meinem Weg begegne.

Ich beginne in der Via Poerio, wo sich eine der zauberhaftesten und geheimnisvollsten Ecken Roms befindet: ein riesiges ehemaliges Nonnenkloster aus zwei Palazzi in rotem Ziegelstein um einen Garten voller Rosen, Palmen und Oleanderbüschen, von dem man einen großartigeren Blick auf Rom hat als vom Gianicolo. Eines Tages werden sie das Ganze verkaufen, heißt es im Viertel, und daraus das luxuriöseste Hotel von ganz Rom machen, das das berühmte Hassler oberhalb der Spanischen Treppe in den Schatten stellen wird. In dem einen Palazzo ist die Ordensgeneralität der Gesellschaft Maria Padri Maristi, im anderen die Kongregation der Christlichen Doktrin aus Nancy untergebracht. Im Katasteramt sind die Gebäude mit 26.655 Kubik-metern und einem Einheitswert von 4.130.000 Euro ange-setzt. Der vermutliche Marktwert beträgt bei sehr vorsich-tiger Schätzung 20.650.000 Euro. Das Kloster befindet sich zwischen dem Pflegeheim Sacro Cuore und der Klinik Sal-vator Mundi, aber ich habe beschlossen, Kirchen und Kran-kenhäuser außer Acht zu lassen.

Unmittelbar danach stoße ich in der Via Bandiera auf das Haus der Ursulinen SS. Crocefisso und auf die Generalver-waltung der Franziskanerinnen Croce del Libano: 4 Millio-nen Kubikmeter, Wert: 6 Millionen Euro. In der Via Saffi geht es vorbei an den franziskanischen Missionsschwestern vom Heiligen Kreuz und der Generalverwaltung der Brüder der Heiligen Familie: 10 Millionen Kubikmeter, 10 Millionen Euro. An der Piazza Sonnino in Trastevere steht das ein-drucksvolle Kolleg San Crisogono: 20 Millionen Kubikmeter, 18.300.000 Euro.

Jenseits des Ponte Garibaldi treffe ich zwischen der Via Santa Chiara und der Via Minerva auf das päpstliche fran-zösische Seminar und die päpstliche Kirchenakademie: 94.000 Kubikmeter, 78.450.000 Euro. Entlang der Via di Torre Argentina liegen die römische Niederlassung der Erzbruder-schaft aus Norcia, der Sitz der Ordensgeneralität der Bene-diktinerinnen und das Institut frommer Werke: insgesamt ungefähr 12.000 Kubikmeter, 9 Millionen Euro. Und schon stehe ich vor dem Palazzo Montecitorio.

Auf einem x-beliebigen Weg bin ich in einer Viertel-stunde 160.000 Kubikmetern kirchlichen Besitzes in einem Wert von 150 Millionen Euro begegnet.

Um es noch einmal zu betonen, ich habe weder katholische Privatkliniken noch Kirchen, Kinos oder Geschäfte miteinbezogen. Mein Gewährsmann bei der römischen Stadtkämmerei hatte mir von diesem Weg abgeraten und gesagt: »Da gehört der Kirche nicht viel. Warum fährst du nicht die vatikanische Mauer entlang? Da käme viel mehr heraus.« Aber wenn ich das getan hätte und in Richtung Via della Conciliazione gefahren wäre, hätte kein Kapitel, vielleicht nicht einmal ein ganzes Buch ausgereicht, um alles aufzuzählen: Dort gehört einfach alles der Kirche. Wie auch in anderen Stadtteilen Roms. In der Via Nomentana haben allein die Orden der Ursulinen und von Santa Maria Riparatrice zwei drei- bzw. sechsstöckige Palazzi mit insgesamt ungefähr 80.000 Quadratmetern. Zwischen Via Sistina und Via Condotti, den elegantesten Straßen der Hauptstadt, befinden sich mindestens zwanzig großartige barocke Palazzi von Bruderschaften. Die Tiberinsel gehört ganz dem Krankenhausorden San Giovanni di Dio, während sich an der Aurelia Antica – einem weiteren kleinen Paradies auf Erden – auf weite Strecken elegante kirchliche Eigentumswohnanlagen, Stifte und Bruderschaften aneinanderreihen. Ein Bericht der Zeitschrift »Il Mondo« zählt auf: »Vierhundert Nonnenklöster, dreihundert Pfarreien, zweihundertfünfzig katholische Schulen, zweihundert Kirchen ohne Pfarrei, neunzig religiöse Institute, fünfundsechzig Pflegeheime, fünfzig Missionen, dreiundvierzig Kollegien, dreißig Klöster, zwanzig Altersheime und ebenso viele Seminare, achtzehn Krankenhäuser, sechzehn Konvente, dreizehn Oratorien, zehn Bruderschaften und sechs Hospize. Insgesamt beherbergt die italienische Hauptstadt fast zweitausend religiöse Einrichtungen, die Eigentümer von ungefähr zwanzigtausend

Grundstücken und Gebäuden sind.« Der Artikel kommt zu dem Ergebnis: »Schätzungsweise ein Viertel von Rom gehört der Kirche.«

Es ist nicht leicht, in Rom auseinanderzuhalten, was der Kirche gehört und was nicht. In Städten, die doppelte Hauptstädte waren wie etwa Berlin, stößt man an einem bestimmten Punkt auf eine Mauer. Auch in Jerusalem, das nicht einmal Hauptstadt ist, sondern die heilige Stadt der drei monotheistischen Weltreligionen, wurde jetzt eine Mauer errichtet. In Rom dagegen stellen die in der Mitte des 9. Jahrhunderts von Papst Leo IV. errichteten sogenannten Leoninischen Mauern zwar ein machtvolles Symbol dar, bezeichnen aber keine reale Grenze. Die eigentliche Stadt des Vatikans ist riesig und setzt sich vom Zentrum bis zur Stadtgrenze aus einer Unzahl vatikanischer Enklaven zusammen: Zum Vatikan gehören Krankenhäuser, Kirchen, Schulen, Krypten, Konvente, Friedhöfe, Baugrundstücke und Parks.

Wie groß ist der Grundbesitz der katholischen Kirche in Rom? Bei der Stadtverwaltung darüber etwas erfahren zu wollen, ist sinnlos: Das Eigentum der Kirche wurde nie erfasst. Noch sinnloser ist es, beim Vatikan nachzufragen, denn der ist nicht zu einer Antwort verpflichtet. Und außerdem weiß vielleicht selbst der Vatikan nicht Bescheid. In der katholischen Presse ertappt man manchmal den einen oder anderen Bischof dabei, dass er das Offensichtliche einfach leugnet: So jedenfalls erscheint es dem Laien. Doch auf die Dauer gewinnt man die Überzeugung, dass viele in gutem Glauben handeln. Einer, der sich auskennt, ist der Vatikanvertraute und mehrfache Ministerpräsident Giulio Andreotti. In seinem Buch *A ogni morte di papa* (Jedes Mal, wenn ein Papst stirbt) erzählt er, wie er 1950 als ganz junger Staatssekretär unter Ministerpräsident De Gasperi zum ersten Mal beim Papst persönlich zum Rapport bestellt war. Der damalige Papst Pius XII. erteilte Andreotti eine Rüge wegen eines »tiefen Ausschnitts«, der in einer katholischen Zeitschrift erschienen war. Andreotti, der schon immer über den Besitz der katholischen Kirche besser Bescheid wusste als selbst Päpste und Bischöfe, antwortete prompt: »Ihre Heiligkeit, warum beschweren Sie sich bei mir? Diese Zeitschrift gehört nicht den Christdemokraten, sondern Ihnen.«

Ohne genaue Zahlen wird das Hab und Gut der Kirche zu einer metaphysischen, geheimnisumwitterten Größe. Dabei lassen sich, wie ich feststellen musste, Legenden nicht einfach wegen ihres geringen Wahrscheinlichkeitsgrades von der Wahrheit unterscheiden. Dass der Anführer der Gangsterbande von Magliana in vatikanischer Erde begraben ist, wie es ein anonymer Anrufer in der Sendung *Chi l'ha visto* [Aktenzeichen XY-Ungelöst] enthüllt hatte, schien beispielsweise ein typisches römisches Gerücht zu sein und ist doch die reine Wahrheit. Um ein Beispiel aus der Welt des Films zu nehmen: *Der Pate 3* von Francis Ford Coppola, der den Immobilienbesitz der katholischen Kirche zum Thema hat und teilweise in Rom gedreht ist, wurde von den meisten Rezensenten als ein wenig glaubwürdiges antiklerikales Machwerk kritisiert. Zwar ist die filmische Qualität des Streifens tatsächlich nicht mit der der beiden Vorgänger vergleichbar, aber das Drehbuch stützt sich auf eine ernst zu nehmende Dokumentation Coppolas und seiner Drehbuchschreiber über die Verbindungen zwischen kirchlichen Würdenträgern und römischen Baulöwen während der siebziger Jahre. Es handelt sich jedenfalls um das am wenigsten frei erfundene Kapitel der Mafia-Saga.

Auf der anderen Seite haben sich Informationen, die als völlig unbestreitbar galten, als übertrieben herausgestellt. Das größte Privileg, das ein Römer erlangen kann, besteht darin, einen Ausweis für die Apotheke und den Laden des Vatikans zu ergattern, von denen es heißt, sie seien die am besten ausgestatteten der Welt. Ich habe beide besucht. Die Apotheke bietet ohne Zweifel ein sehr gutes Sortiment mit zahlreichen, im übrigen Italien nicht erhältlichen oder dort sehr viel teureren Medikamenten. Aber es ist völlig lächerlich zu glauben, dort könnte man irgendwelche Wundermittel finden, die es sonst nirgends gibt. Der Laden oder »Supermarkt« des Vatikans wirkt im Vergleich zu normalen Einkaufszentren ziemlich enttäuschend. Auch er ist sehr gut bestückt und bietet eine Überfülle an Waren: Der Vatikan importiert zu Schleuderpreisen und verkauft ungeheure Mengen an Lebensmitteln. Mit dem Verbrauch der neunhunderteinundzwanzig Bewohner des Vatikans allein lässt sich – auch wenn sie alle Pantagruels wären – der jährliche Import (Daten von 2005) von 1000 Tonnen Fleisch, 200 Tonnen Pasta, 174 Tonnen Milch, 27 Tonnen Schinken und 15 Tonnen verschiedener Wurstsorten, 700 Tonnen Spirituosen, 240 Tonnen Bier, 50 Tonnen Wein, 48 Tonnen Sekt und drei Tonnen Champagner, 110 Tonnen Tabak, 17 Tonnen Kosmetikartikel und 14 Tonnen Duftwasser nicht erklären; dazu kommen natürlich noch 70 Tonnen Medikamente. Doch der sagenumwobene Supermarkt ist grau und düster, schlecht ausgeleuchtet und wirkt mit seinen aufeinandergetürmten Schachteln wie ein Discount oder wie die Läden im ehemaligen Ostblock, auch wenn es hier eine so wundersame Menge an Dingen zu kaufen gibt.

In den römischen Salons trifft man auf Schritt und Tritt wichtigtuerische Geschäftsleute, die sich mit ihren tatsächlichen oder nur behaupteten »Beziehungen zum Vatikan« brüsten (oder auch zum Opus Dei, das seine Zentrale im eleganten Parioli-Viertel hat), mit deren Hilfe sie jedwedes Problem lösen, jedermann für einen Posten empfehlen, unbegrenzte Kredite bekommen, alle möglichen Projekte, Filme, Fernsehserien realisieren oder beim Schlagerfestival in San Remo gewinnen können usw. Als die Mitte-Rechts-Koalition versuchte, Romano Prodi durch den sogenannten Telekom-Serbien-Skandal zu Fall zu bringen, stützte sie sich auf eine dieser schillernden Gestalten. Kurz vor den Wahlen 2001 wurde in den Medien berichtet, dass von der noch im Amt befindlichen Regierung Prodi 1997 beim Kauf von Anteilen der serbischen Telekom hohe Bestechungssummen an die Regierung Milosevic geflossen seien. Vor einem dazu eingerichteten Untersuchungsausschuss trat als Hauptbelastungszeuge der wegen Betrugs vorbestrafte angebliche Graf Igor Marini auf und belastete führende Vertreter der Linken schwer. Seine Anschuldigungen erwiesen sich letztendlich als reine Lügengespinste, und der Ausschuss löste sich, ohne auch nur einen Abschlussbericht vorzulegen, auf. Wie Filippo Ceccarelli von »La Repubblica« schrieb, übertraf sich der mit grenzenloser Fantasie begabte Marini bei seinen Aussagen selbst, sobald es um den Vatikan ging: »Ein Teil der Bestechungssummen war angeblich durch Schuldverschreibungen auf kirchliche Einrichtungen im IOR gelandet. In diesem Fall geht Marini sogar so weit, sich einen gewissen Cavaliere Guglielmo Palermini als Angestellten des IOR und einen gewissen Pater Astolfo als Sekretär von Kardinal Martini einfach auszudenken. Diesen nicht existenten Personen haucht er nicht nur Leben ein, er lässt sie auch interagieren und versieht sie mit Adressen (z. B. Via dell'Angelo Apostolico), die ebenfalls frei erfunden sind. Igor behauptet, mit Pater Astolfo wegen der Bestechungsgelder lange am Computer zusammengearbeitet zu haben, und zwar in einem schalldichten Raum in der Nähe des Hotel Columbus, nicht weit entfernt von St. Peter. Die Staatsanwaltschaft hat festgestellt, dass auch dieser Raum nicht existiert, sondern seit Langem ein Kino beherbergt.« Die Untersuchungskommission und weite Teile der Öffentlichkeit, die monatelang an den Lippen Marinis hingen, hielten jedoch gerade diese Passagen seiner Aussagen für die wahrscheinlichsten.

Wo auch immer die feine, unsichtbare Linie zwischen Realität und Fantasie verlaufen mag, eines ist sicher: Nirgends auf der Welt versteht man so gut wie in Rom, was mit »Herrschaft der Kirche« gemeint ist. Sie übt ihre Herrschaft in der Realität und in der kollektiven Imagination, vor allem aber als Hausherrin aus. Als Papst Benedikt XVI. am 10. Januar 2008 den traditionellen Neujahrsempfang zum Anlass nahm, vor dem Bürgermeister Roms, Walter Veltroni, und dem Regierungspräsidenten der Region Latium, Piero Marrazzo, »den Verfall seiner Stadt« anzuprangern, gehörte ich zu den wenigen Italienern (aber vielen Römern), die sich darüber entrüsteten. Der Auftritt des Papstes wirkte wie der eines Kaisers, der seinen Vasallen die schlechte Verwaltung des Reiches vorwirft. Als gute Vasallen erwiderten diese nichts, in der Hoffnung auf eine wohlwollende Korrektur – die am nächsten Tag tatsächlich folgte.

Joseph Ratzinger ist einer der größten lebenden Experten für theologische Fragen, die Borges als einen »Zweig der fantastischen Literatur« bezeichnet hat. Dennoch überrascht seine Fähigkeit, die Rollen zu wechseln und die Machtverhältnisse umzukehren, immer wieder aufs Neue. Von Bürgermeister und Regierungspräsident forderte der Papst eine Wohnungsbaupolitik, die jungen Paaren mit niedrigen Mieten unter die Arme greift. In Wahrheit ging es ihm darum, im Namen des traditionellen Familienbildes gegen Veltronis Plan zu polemisieren, auf kommunaler Ebene die Eintragung nichtehelicher Lebensgemeinschaften zu ermöglichen. Aber ist es nicht überhaupt absurd, wenn der größte Immobilienbesitzer der Stadt der Kommune die Höhe der Mieten vorwirft? Was können Bürgermeister und Regierungspräsident tun, wenn die vatikanische Immobilienverwaltung Monat für Monat armen Familien kündigt, um für reiche Mieter Platz zu machen? Nichts, außer Zwangsräumungen zu erleichtern, wie sie es immer getan haben. Wie kann man Immobilienspekulation verhindern, wenn die Kirche schon seit eh und je mit den schlimmsten Baulöwen Roms Geschäfte macht, angefangen mit den als »Sacco di Roma« bekannt gewordenen im Schnellverfahren hochgezogenen Wohnvierteln am Stadtrand bis hin zu dem eilig zusammengerafften Immobilienbesitz der »furbetti del quartierino«?

Der neue König der Baulöwen Roms heißt Giuseppe Statuto, stammt aus Casaluce in Kampanien und wird von jedermann als Nachfolger des mächtigen Francesco Caltagirone angesehen, Inhaber der römischen Tageszeitung »Messagero«, Schwiegervater des christdemokratischen Politikers Pierferdinando Casini, eines weiteren wichtigen Verbündeten des Vatikans im Baugeschäft. Statuto tritt nicht wie die »furbetti« auf, er trägt keine texanischen Reitstiefel wie Danilo Coppola und vergleicht sich nicht mit Bill Gates wie Stefano Ricucci, aber er macht Geschäfte mit beiden und vor allem mit dem Vatikan. Im Jahr 2001 war er Inhaber einer kleinen Baufirma mit 79 Millionen Euro Einnahmen und 1,4 Millionen Verlusten. Heute herrscht er über ein Imperium von Beteiligungsgesellschaften mit Ausläufern bis in die Steuerparadiese, und sein Privatvermögen wird auf zwei Milliarden Euro geschätzt. Wie konnte Statuto in so kurzer Zeit ein so riesiges Vermögen anhäufen? Mit dem Kauf, der Sanierung und dem Weiterverkauf kirchlicher Immobilien erzielte er unvorstellbare Gewinne. Ein Beispiel dafür ist neben vielen anderen kirchlichen Immobilien ein Kloster aus dem 17. Jahrhundert im römischen Viertel Camilluccia mit 5 000 Quadratmetern und 150 Hektar Park. Natürlich muss dann die Höhe der »Wohnungsmieten die Lebensumstände der Familien schwierig gestalten«, um die Worte des Heiligen Vaters zu gebrauchen. Aber auch in diesem Fall stellt sich die Frage: Was kann der Bürgermeister tun? Nichts, außer der Kirche weitere Grundstücke zum Bau neuer Kirchen zu schenken (dreiundzwanzig auf einen Schlag nach dem jüngsten Stadtsratsbeschluss) und der Kommune die Erschließungskosten aufzuhalsen.

Benedikt XVI. hat sich nicht damit begnügt, Bürgermeister Veltroni Vorwürfe zu machen, sondern sich auch an den Präsidenten der Region Latium, Piero Marrazzo, gewandt. Im Grunde hat er, wie viele Kommentatoren bemerkten, bei

Marrazzo für die katholischen Krankenhäuser die Hand auf-
gehalten, weil diese sich in einer »verzweifelten Lage« befän-
den. Hintergrund ist, dass Marrazzo angesichts der schwieri-
gen Haushaltslage beschlossen hatte, die hohen Zuschüsse
der Region für Privatkliniken zu kürzen. Um eine Vorstellung
von der Höhe dieser Zuschüsse zu geben, sei erwähnt, dass allein die Poliklinik Gemelli im Zeitraum 2003–2006 auf 510,7
Millionen Euro der Region Latium zurückgreifen konnte.

Der dritte Vorwurf, den Benedikt XVI. Veltroni machte,
betraf die Sicherheit der Bürger, ein besonders heißes
Thema am Vorabend der Wahlen. Zum Ausgangspunkt
nahm der Papst ein schreckliches Verbrechen, das sich am
30. Oktober 2007 in Tor di Quinto an der Peripherie Roms
ereignet hatte. Eine siebenundvierzigjährige Frau namens
Giovanna Reggiani war von dem vierundzwanzigjährigen
Rumänen Romulus Nicolae Mailat an einer Bushaltestelle
angegriffen, in einer nahe gelegenen Baracke vergewaltigt,
tödlich verwundet und schließlich auf eine Müllkippe ge-
worfen worden. Ausgehend von dieser grausamen Tat zeich-
nete der Papst ein tiefschwarzes Bild der Hauptstadt als einer
Art Bronx oder südamerikanischer Favela. So schauderhaft
das Verbrechen war, so beweist doch allein die Tatsache, dass
der Mord an Giovanna Reggiani die Titelseiten der Zeitungen gut zweieinhalb Monate beschäftigte, dass Rom keine
von Gewalt geprägte Stadt ist. In London oder Paris wäre etwas Derartiges unter den Kurznachrichten erwähnt worden.
Im europäischen Vergleich ist Rom hinter Lissabon die
zweitsicherste Stadt.

Die Botschaft des Kaisers hat ihr Ziel dennoch erreicht.
Die Region Latium nahm sofort ihre geplante Kündigung

der Verträge mit den privaten (sprich: katholischen) Gesundheitseinrichtungen zurück und fügte außerdem vorteilhafte Klauseln in das »mille proroghe« (tausend Stundungen) betitelte Dekret ein, bei dem schon der Name Programm ist.

Die Kommune Rom und die Region Latium könnten gewiss mehr Geld für arme Bürger und für den Kampf gegen die »erschreckende Verwahrlosung« zur Verfügung stellen, wenn sie nicht St. Peter ihren täglichen Obolus entrichten müssten. Die Liste der Regalien ist unendlich, und ich beschränke mich darauf, einige »merkwürdige« Fälle aufzuzählen. Die kostenlose Wasserversorgung für den Vatikan zum Beispiel. Seit den Lateranverträgen von 1929 beliefert der italienische Staat die Vatikanstadt mit Wasser, wie es Artikel 6, Absatz 1 des Konkordats vorsieht: »Italien wird durch entsprechende Abkommen mit den betreffenden Einrichtungen dafür sorgen, dass die Vatikanstadt ausreichend mit eigenem Wasser versehen ist.« Seitdem bezahlt der Staat die fünf Millionen Kubikmeter Wasser, die der Kirchenstaat durchschnittlich verbraucht. Die Abwasserversorgung ist an das kommunale Netz angeschlossen, ohne dass der Vatikan dafür Gebühren zahlt, da er Forderungen der Behörden von »Drittstaaten« nicht anerkennt. Die Gebührenrechnung kommt für den Vatikan aus dem »Ausland«.

Im Jahr 1999 wurden die römischen Stadtwerke in eine Aktiengesellschaft umgewandelt, und die Aktienbesitzer verlangten – vergebens – die Begleichung der Schulden des Vatikans. So war es wieder einmal der Steuerzahler, der die fälligen 44 Milliarden Lire, unauffällig im Staatshaushalt versteckt, zu zahlen hatte. Danach sollte die katholische Kirche die jährlich anfallenden vier Milliarden Lire zahlen. Nach einer weiteren Weigerung setzte die Regierung Berlusconi 2001 eine bilaterale Kommission zur Klärung der Streitfrage ein. Der zwischen Berlusconi und Kardinal Angelo Sodano ausgehandelte Kompromiss, der (von einer Seite) in sehr unterwürfigem Ton formuliert war, sah vor, dass der Staat im Haushalt für 2005 die ausstehenden 25 Millionen Euro übernahm. In nicht einmal zehn Jahren hat der Staat dem Vatikan damit 52 Millionen Euro geschenkt. Wäre diese Summe der Stadt Rom zur Verfügung gestanden, hätte sie ihre Sozialpolitik ein gutes Stück voranbringen können.

Ein weiteres, ganz kleines Beispiel: der Rabatt auf die Genehmigungen zum Befahren der Sperrzone im Stadtzentrum. Am 29. Juli 2006 legte der römische Stadtrat den Preis für die Fahrerlaubnis innerhalb der Sperrzone fest. Die Jahresvignette sollte für alle ehemals privilegierten Kategorien wie Abgeordnete, Journalisten, Geschäftsleute, Angehörige von Ministerien, Parteibüros, Gewerkschaften, Berufsverbände, für Vertreter und Handwerker usw. 550 Euro kosten. Eine Kategorie protestierte heftiger als alle anderen: der Vatikan. Der Generalsekretär der Vatikanverwaltung griff zur üblichen Zauberformel und schrieb an die Kommune, die Bestimmung verstoße »gegen die Lateranverträge«. Der Verkehrsreferent der Stadt fragte beim Oberstadtdirektor nach und erhielt die eigentlich selbstverständliche Antwort, dass das Konkordat von 1929 damit überhaupt nichts zu tun habe. Dennoch widmete der römische Stadtrat am 30. November 2006 eine ganze Sitzung der Frage, ob für den Vatikan die Fahrerlaubnis für die City von 550 auf 55 Euro und damit auf das Niveau von Anwohnern und Notärzten ermäßigt werden solle. Die Entscheidung erfolgte fast einstimmig. Dem Vatikan, der über einen gut ausgestatteten Fuhrpark von zweihundert schweren Limousinen verfügt, wurde eine Ermäßigung von 100 000 Euro im Jahr zugestanden. Ein kleines Geschenk, das ein ganzes System verrät.

Wer aus anderen Städten, vor allem aus dem Norden nach Rom kommt, versteht nur schwer die Mischung aus Zynismus, Resignation und Sarkasmus, mit der die Römer die auftrumpfende, herrische Präsenz der Kirche hinnehmen. Mit der Zeit begreift man jedoch, dass diese Haltung auf einem höheren, epochenübergreifenden Geschichtsverständnis beruht: Rom hat die beiden einzigen universalen Institutionen in der Geschichte der Menschheit hervorgebracht: das römische Kaiserreich und die Kirche. Die Römer haben den Untergang des Ersteren überstanden und sind davon überzeugt, eines Tages auch das Ende der katholischen Kirche zu überleben. Bis dahin halten sie unverbrüchlich an ihren heidnischen, vorchristlichen Traditionen fest. Rom hat sich so noch gegen jede Macht, die hier unterschiedslos mit Täuschung gleichgesetzt wird, erfolgreich geschützt. Die weltliche Macht, über die die katholische Kirche jahrhundertelang verfügte und heute noch verfügt, gründet sich ohnehin auf eine Fälschung, nämlich auf die berühmte Schenkung, die Kaiser Konstantin Papst Silvester I. im Jahr 324 gemacht haben soll. Das Dokument stammt wahrscheinlich aus dem 8. Jahrhundert, wie ein großer Römer, der Humanist Lorenzo Valla, bereits 1440 nachgewiesen hat. Aber es hat nichts genützt.

8

DIE WOHLTÄTIGKEIT

Der alles andere als kleine Obolus des italienischen Staates an die katholische Kirche trägt auch ein nobles Antlitz und verfolgt edle Ziele: die Wohltätigkeit. Kirchliche Quellen sprechen von einer halben Milliarde Euro, die der Vatikan und die Bischofskonferenzen in der ganzen Welt für wohltätige Zwecke ausgeben. Den größten Beitrag leistet dabei die Italienische Bischofskonferenz, die 20 Prozent von der durch die »acht Promille« eingenommenen Milliarde – d. h. mehr als 200 Millionen Euro – weltweit für soziale und karitative Programme verwendet: 115 Millionen in Italien, die übrigen 85 in Missionen im Ausland (Daten von 2006). Doch die Kirche leistet Sozialarbeit auch durch die internationale Caritas, den Päpstlichen Rat »Cor Unum«, Freiwilligenverbände, sogar durch die Vatikanbank und die Prälatur des Opus Dei, das für weniger barmherzige Tätigkeiten bekannt ist.

Man könnte darüber streiten, ob der genannte Betrag im Verhältnis zur Gesamtsumme dessen, was die katholische Kirche die Italiener kostet, groß oder klein ist. Die Kirche könnte vielleicht mehr geben, wie auch von vielen Katholiken gefordert wird. Alex Zanotelli, der dem von Daniele Comboni gegründeten Missionsorden angehört und sich seit je für die Verdammten dieser Erde einsetzt, war empört, als er erfuhr, dass die Bischofskonferenz nur sieben bis acht Prozent der Einnahmen aus den »acht Promille« für die internationale Wohlfahrt zur Verfügung stellt. Ungläubig fragte er: »Sind Sie sicher, haben Sie die Daten kontrolliert? Wenn das stimmen würde, wäre es sehr schlimm.« Die Daten stammen von der Bischofskonferenz selbst. Zudem lässt sich nur schwer feststellen, wie viel von dieser Summe für konkrete Projekte – für Krankenhäuser, Katastrophenhilfe, Lebensmittel und Medikamente – und wie viel stattdessen für katholische Indoktrinierung aufgewendet wird. Die Bilanzen der Kirche sind nicht transparenter als die anderer Hilfsorganisationen für die »Entwicklungsländer«, wie man sie nannte, als man noch an deren Entwicklung glaubte. Riesige Summen, von denen der Großteil unter allgemeinen Posten, etwa als »Bildungsprogramme«, figuriert. Traditionell lässt sich in der katholischen Lehre humanitäres Handeln ohnehin nicht von der Verbreitung des Glaubens und der Evangelisierung der Völker trennen. Die beiden Sozialenzykliken *Sollicitudo rei socialis* von Johannes Paul II. (1987) und die *Deus caritas est* von Benedikt XVI. (2005) beweisen zudem eindeutig, dass unter diesen Päpsten die erstere Zielsetzung der letzteren untergeordnet ist.

All dies ändert nichts an der tagtäglichen Erfahrung, dass zumindest in einigen Bereichen des italienischen Lebens und der armen Länder nur noch Pfarreien und katholische Missionsstationen als Institution übrig geblieben sind, um den Verzweifelten an den Rändern der Gesellschaft beizustehen: überall dort, wo sich der Sozialstaat Tag für Tag mehr aus der Verantwortung stiehlt. Auslöser für viele Geschenke und Steuerbegünstigungen zugunsten der Kirche besonders in den letzten zwanzig Jahren nach der Revision des Konkordats waren nicht allein der frenetische Lobbyismus der Bischöfe und das Gerangel aller Parteien um die katholischen Wählerstimmen: Es bestand vielmehr ein stillschweigendes Übereinkommen darüber, dass die Kirche die »Schmutzarbeit« übernimmt, um die größten Löcher zu stopfen und die wachsende Zahl der Ausgeschlossenen, die keine Rechte, keine Absicherung und keinen Schutz mehr haben, ruhig zu halten, während der Staat den Wohlfahrtsstaat Stück für Stück abbaut.

Man braucht sich nur in den italienischen Städten umzusehen, um zu erkennen, wie weit die Bedürftigkeit reicht. Die Pfarreien sind in vielen Fällen zu den ersten Anlaufstellen für Immigranten geworden, sie fungieren als Arbeitsvermittlungen für Ausländer und Haftentlassene, als Beratungsstellen für Familien, die zu Hause einen Großvater mit Alzheimer, ein drogensüchtiges Kind oder einen Angehörigen mit psychischen Problemen haben. Die Zentren der Caritas der Hauptstadt sind die einzigen Orte, wo das »Volk der Straße« Rat und Aufnahme findet: Obdachlose, Bettler, Alkoholiker und all diejenigen, die vom Staat und ihren Familien aufgegeben worden sind. Oft können nur diese Stellen verlässliches Zahlenmaterial über neue soziale Notsituationen liefern, z. B. über die wachsende Kinderarmut. Die Unfähigkeit der Regierungen, das Problem der illegalen Einwanderung anders als mit populistischen Schnellschüssen anzugehen, hat den kirchlichen Mitarbeitern vor Ort praktisch die drängendste soziale Frage der letzten zwanzig Jahre aufgebürdet.

In Mailand beispielsweise ist ein Mann wie Don Virginio Colmegna, der den von der rechten Stadtverwaltung aus ihren Barackensiedlungen vertriebenen Sinti und Roma bei der Caritas Unterkunft bietet, in den hauptsächlich von Immigranten bewohnten Außenbezirken längst eine Art »Schattenbürgermeister«. Aber nicht nur die staatliche Sozialpolitik hat versagt. Auch in der Politik gegenüber Afrika und Südamerika spielt beispielsweise die katholische Laienvereinigung Sant'Egidio in Rom eine wichtigere Rolle als das italienische Außenministerium und man schenkt ihr international mehr Gehör. Selbst die Initiative zur Abschaffung der Todesstrafe, der einzige Vorschlag, womit die italienische Außenpolitik über die nationalen Grenzen hinaus Aufsehen erregen konnte, ging von Sant'Egidio aus. Der Sitz der Vereinigung in Trastevere gehört längst zum Pflichtprogramm aller Staatsbesuche. Während der Darfur-Krise besuchte die amerikanische Außenministerin Madeleine Albright 1998 die »UNO von Trastevere« und holte sich Unterstützung für ihre Vermittlungsbemühungen zwischen den kämpfenden Parteien und der Regierung. Im Juni 2007 besuchte Präsident Bush unter höchsten Sicherheitsvorkehrungen Sant'Egidio, um ein Programm zur Bekämpfung von Aids in Afrika zu diskutieren.

Leider muss aber auch gesagt werden, dass die zahllosen katholischen Missionsstationen in Afrika während der bisher schlimmsten Krise, bei den Massakern in Ruanda 1974, tatenlos zugesehen haben.

Die moderne Soziallehre der katholischen Kirche und der Sozialstaat entstanden ungefähr gleichzeitig in der zweiten Hälfte des 19. Jahrhunderts als Antwort auf die verheerenden Folgen der Industrialisierung und die Ausbreitung des Sozialismus unter den proletarischen Massen. Seit der ersten

Sozialenzyklika, der *Rerum novarum* von Papst Leo XIII. (1891), hat die katholische Kirche mehr als ein Jahrhundert lang grundlegende Gedanken zum Problem der Armut und der Kriege in der Welt des Kapitalismus erarbeitet. Den vorläufigen Endpunkt bilden die beiden Enzykliken, in denen die Prinzipien des Zweiten Vatikanischen Konzils von 1962 bis 1965 zusammengefasst sind: die *Pacem in terris* von Johannes XXIII. (1965) und die *Populorum progressio* von Paul VI. Auch wenn die Letztere erst zwei Jahre nach dem Ende des Konzils veröffentlicht wurde, stellt sie doch die beste und eigentliche Synthese der Grundgedanken des Konzils dar. In einigen Passagen werden die soziale Ungerechtigkeit in den reichen Ländern und die Unterschiede zwischen der Nord- und Südhälfte des Planeten heftig angeprangert. Deshalb warfen konservative Kirchenkreise dem intellektuellen Papst vor, er habe der »Befreiungstheologie« der südamerikanischen Bischöfe das Terrain überlassen. Johannes Paul II. und auch Benedikt XVI. distanzierten sich deutlich von der Haltung ihrer Vorgänger, ohne deren Grundgedanken aufzugeben. Paul VI. hatte sich jedoch nicht nur auf schöne Worte beschränkt, sondern 1971 die beiden tragenden Säulen der Sozialarbeit des Vatikans in Italien und der Welt geschaffen: die Caritas, die dann in eine italienische und eine internationale, in zweihundert Ländern tätige Sektion geteilt wurde, und den Päpstlichen Rat des Cor Unum, dem neben der praktischen und theoretischen Ausrichtung der Arbeit die Koordination der päpstlichen Hilfsaktionen obliegt.

Mit diesem kurzen historischen Exkurs will ich keine theologische Debatte entfachen, für die ich mich nicht kompetent fühle, sondern nur klarmachen, dass die katholische

Kirche und ihre Priester, wenn sie Sozialarbeit leisten, sehr wohl wissen, worum es geht. Im Gegensatz zu vielen Regierungen und Behördenvertretern, die dies entweder nie gewusst haben oder nicht mehr wissen. Als der Triumph des Neoliberalismus seit den neunziger Jahren überall den Sozialstaat in Verruf brachte und die Schere zwischen Arm und Reich immer weiter auseinanderklaffen ließ, hielt die Kirche, wenn auch nicht immer mit demselben Nachdruck, an ihrem Kurs der Solidarität fest. Mit dem Ergebnis, dass die katholische Kirche sich heute fast als einzige Institution mit den Problemen der Dritten Welt befasst, auch mit denen der Dritten Welt in Italien selbst.

Eine – und gewiss die vorzeigbarste – Rechtfertigung für die gegen jede ökonomische Rationalität verstoßende Beziehung zwischen katholischer Kirche und italienischem Staat lässt sich deshalb in der Formel »Geld gegen soziale Dienstleistungen« zusammenfassen. Großzügige Subventionen aller Art, Steuererleichterungen und -befreiungen lassen sich mit der Übertragung dieser »Schmutzarbeit« begründen, die der Staat nicht leisten will oder kann.

Diese Argumentation ist logisch, doch der Tausch bleibt ungleich. Ein Staat, der die Trennung von Kirche und Staat ernst nimmt, gewinnt nichts, wenn er seine Untätigkeit auf diesem Gebiet eingesteht. Darüber hinaus verhält er sich ungewollt wie ein überaus großzügiger Wohltäter: Er finanziert die katholische Sozialarbeit beinahe in vollem Umfang und bleibt dabei absolut anonym. Das führt dazu, dass die Kirche bei den Schwächsten und an den Rändern der Gesellschaft Ansehen erwirbt, der Staat dagegen entsprechend verliert und in den Augen der unterprivilegiertesten Schichten lediglich als bürokratisches Monster und Steuereintreiber erscheint. Ähnlich verhält es sich mit der Europäischen Union, die ebenfalls in einer Identitäts- und Popularitätskrise steckt. Sie überlässt der Caritas und anderen katholischen Sozialverbänden Jahr für Jahr die kostenlose Verteilung ihrer Nahrungsmittelüberschüsse. Als Emma Bonino, die der Radikalen Partei angehört, während der neunziger Jahre in der EU für Verbraucherschutz und humanitäre Hilfe zuständig war, erreichte sie nach langen Kämpfen lediglich, dass die Pakete mit Medikamenten und Nahrungsmitteln, die in Kriegsgebieten wie auf dem Balkan und im Nahen Osten verteilt wurden, neben dem Zeichen der Caritas die Aufschrift EU trugen.

Wie so oft prangern gerade kritische Katholiken die Absurdität dieser Delegierung an. Der Jahresbericht des angesehenen Sozialforschungsinstituts Censis (Centro Studi Investimenti Sociali) für 2008 entwirft das Bild einer italienischen Gesellschaft, in der der Zusammenhalt durch Individualismus und Egoismus zerstört ist. Giuseppe De Rita, der Leiter des Instituts, bemerkt dazu, dass die katholische Kirche die vom Staat hinterlassenen Lücken so weit ausfüllt, dass sie auch den Kern der sozialen Beziehungen, das Zugehörigkeitsgefühl, erobert hat. »Die Kirche hat als Einzige verstanden, dass Sozialarbeit auch Zugehörigkeit bedeutet. Es handelt sich nicht darum, den Menschen nur Dienstleistungen anzubieten, sondern auch darum, die Menschen anzunehmen, ihnen Werte und Identität zu vermitteln. Einstmals gab es in Italien zahlreiche Arten von Gruppenzugehörigkeit. Man denke nur an die kommunistische Partei in den sogenannten roten Regionen wie der Toskana, an die

143

großen Gewerkschaften, an das Netz der kommunistischen
›Case del popolo‹ [Volkshäuser] und an die Kooperativen.
Diese Welt ist weitgehend verschwunden, weil die Mediati-
sierung der Politik alles verändert hat. Wenn Walter Veltroni
heute seine neue demokratische Partei bekannt machen will,
dann plant er ein Event, lässt Fan-Artikel verteilen und Fern-
sehauftritte organisieren, aber all das hat nicht die gleiche
Wirkung. Der italienische Staat hat es nie geschafft, dass sich
seine Bürger mit ihm identifizieren, und deshalb ist er nicht
in der Lage, eine effektive Sozialpolitik zu betreiben, mag sie
noch so kostspielig sein. Politisch identifizieren sich die Italiener heute höchstens mit ihrem Heimatort.«

Es ist kein Zufall, dass auf diesem Gebiet ausgerechnet die
Kommunen und die Bürgermeister am häufigsten mit dem
Klerus in Konflikt geraten, wenn es beispielsweise um die
Zahlung kommunaler Steuern geht. Ist es aber nicht paradox, dass eine Gesellschaft, in der die Religion eine immer
geringere Rolle spielt, derart wichtige Aufgaben der Kirche
überlässt? »Zwar befindet sich der Katholizismus als Religion tatsächlich in einer Krise«, erläutert dazu De Rita. »Die
Menschen treffen individuell Entscheidungen, die von den
Vorgaben der Kirche abweichen. Der eigentliche Einfluss der
katholischen Kirche liegt nicht darin, wie sie in der Öffentlichkeit und in den Medien politisch auftritt, insbesondere
mit Stellungnahmen ihrer Bischöfe in den Fernsehnachrich-
ten. Viel wichtiger ist, dass die Kirche als einzige Organisation immer noch vor Ort wirklich präsent und im Alltag so-
zial tätig ist.« Doch diese Präsenz und tägliche Sozialarbeit
gehen zu Lasten der italienischen Steuerzahler.

Auf einem weiteren Gebiet hat der Staat seine Souveränitätsrechte an die Kirche abgetreten: bei der auswärtigen Version des »Sozialstaats«, d. h. bei der internationalen Zusammenarbeit zugunsten der armen Länder. Italien beteiligte sich daran erst seit Ende der siebziger Jahre, als die große Welle der Solidarität bereits verebbte und mit ihr der Glaube, das Modell des Marshall-Plans auf die ärmsten Nationen des Planeten anwenden zu können. Trotz dieses schlechten Starts wurden in der ersten Hälfte der achtziger Jahre gute Ergebnisse erzielt, nicht zuletzt dank der wirkungsvollen Kampagne der Radikalen Partei gegen den Hunger in der Welt. Das Vorhaben, 0,7 Prozent des Bruttosozialprodukts für die Dritte Welt auszugeben – wie Italien gemäß der UNO-Resolution vom 24. Oktober 1970 versprochen hatte –, blieb zwar in der Schublade. Doch der Druck der öffentlichen Meinung, die durch die Hungerstreiks des Parteiführers der Radikalen, Marco Pannella, sensibilisiert war, veranlasste die Regierung, sich auf 0,33 Prozent festzulegen, um dann »zu gegebener Zeit« auf die versprochenen 0,7 Prozent aufzustocken. In konkreten Zahlen ausgedrückt bedeutete dies eine Steigerung von ursprünglichen 1,5 Milliarden Dollar (Preise von 2006) auf einen Spitzenwert von fast sechs Milliarden 1989. Die humanitäre Hilfe Italiens hat aus verschiedenen Gründen bei den armen Ländern einen guten Ruf. Die Italiener gelten als »anständige Menschen«, die bei Konflikten vermitteln können. Darüber hinaus verfügt Italien über eine einzigartige handwerkliche Tradition und die Fähigkeit, kleine bis mittlere Unternehmen und Gewerbegebiete aufzubauen: genau das, was Entwicklungsländer brauchen.

Die wachsenden Summen, die für die Dritte Welt bereitgestellt und leider nach dem üblichen Parteienproporz vergeben wurden, erwiesen sich jedoch als Quelle von üblen Spekulationen, Skandalen und politischen Raubzügen. Anfang der neunziger Jahre wurde auch die italienische Entwicklungspolitik in den Strudel der Korruptionsskandale von Tangentopoli hineingerissen und bildete darin eines der besonders abstoßenden Kapitel. Innerhalb weniger Jahre löste sich die humanitäre Hilfe Italiens praktisch in Luft auf. Die Gelder waren in den achtziger Jahren von 665 Millionen Dollar (laufende Preise) im Jahr 1981 (0,11 % des BIP) bis auf 4,121 Milliarden Dollar (0,37 % des BIP) im Jahr 1992 gestiegen, als die ersten Skandale aufgedeckt wurden. Mit der gleichen Geschwindigkeit nahmen die Ausgaben für internationale Zusammenarbeit in dem Jahrzehnt nach Tangentopoli ab und sanken auf ein Minimum von 1 376 Milliarden Dollar im Jahr 2000 (was 0,09 des BIP entsprach, das sich seit 1981 verdoppelt hatte). Danach stiegen die Summen bis 2006 langsam wieder auf 3 Milliarden an (0,2 % des BIP). Nach den Angaben des Center for Global Development nahm Italien unter den zwanzig reichsten Ländern der Welt 2006 bei der Entwicklungshilfe den vorletzten Platz ein. Auch der am 14. Februar 2008 in Paris vorgestellte Bericht der OECD über die Entwicklungspolitik sieht Italien auf dem vorletzten Platz, gefolgt nur noch von Griechenland.

Es ist ein schwacher Trost, aber man muss zugeben, dass alle westlichen Länder in der Zwischenzeit auf diesem Gebiet Rückschritte gemacht haben. Die Utopien der Achtundsechziger sind verblasst, seit dem Fall der Berliner Mauer ist der Kalte Krieg endgültig vorbei, der Ost wie West dazu drängte, die armen Länder durch Entwicklungshilfe im eigenen Lager zu halten. Heute triumphieren Egoismus und Gleichgültigkeit, verschärft durch die neoliberalen Ideologien. Während die Schere zwischen armen und reichen Ländern immer weiter auseinanderklafft, um das Zehn- oder Zwanzigfache je nach der Quelle, ziehen sich die westlichen Länder eines nach dem anderen aus dem Kampf gegen Hunger und Armut auf der südlichen Welthalbkugel zurück. Damit überlassen sie in Afrika und Asien das Feld den Religionen, dem Islam und dem Katholizismus mit ihren Koranschulen und Missionsstationen. Sicher spielt es keine Rolle, an welchen Gott die Frau oder der Mann glaubt, die ein Kind heilen, seinen Hunger stillen, ihm Lesen und Schreiben beibringen, aber man sollte nicht vergessen, dass dies alles für die katholische ebenso wie für die muslimische Sozialpolitik gegenüber der Indoktrinierung zweitrangig ist. Die Kehrseite der Medaille dieser Rückkehr des Glaubens in die armen Länder ist die wachsende Zahl der Religionskriege, auch wenn man sie nun als »ethnische Konflikte« bezeichnet. Aber im ehemaligen Jugoslawien oder im Irak unserer Tage existieren keine unterschiedlichen »Ethnien«, sondern Religionsgruppen, die einander feindlich gegenüberstehen: orthodoxe Serben, katholische Kroaten und muslimische Bosniaken hier; Schiiten und Sunniten dort. Die Geschichte der Missionstätigkeit der katholischen Kirche weist wie ihre ganze Geschichte heroische und großartige Episoden neben Kapiteln von unerhörter Grausamkeit auf. Das größte Massaker in der Geschichte der Menschheit, die Kolonisierung Südamerikas mit der Ermordung von über hundert Millionen Eingeborenen, hatte ihr ideologisches Fundament im Katholizismus. Nicht zufällig ist gerade in Südamerika als Reaktion darauf in der Befreiungstheologie die radikalste katholische Bewegung entstanden.

Das Schlusswort zu diesem Thema überlasse ich dem Mann, der für mich den christlichen Grundwert der Solidarität am besten verkörpert. Don Luigi Ciotti kämpft seit vierzig Jahren an allen Fronten, die die Politik längst aufgegeben hat: gegen die Armut, die Mafia und die Drogen, gegen die rechtliche Benachteiligung, die Isolation in den Gefängnissen, die mangelnde Sicherheit in den Vorstädten und die Gefahren am Arbeitsplatz. Mit dem von ihm 1966 gegründeten »Gruppo Abele« kümmerte er sich um minderjährige Häftlinge und Suchtkranke, später leitete er die italienische Liga zum Kampf gegen Aids (LILA), und seit den neunziger Jahren festigt er das unter dem Namen »Libera« (Frei) gegründete Netz von Organisationen, die gegen die Mafia kämpfen. Dabei wird er von seiner Kirche unterstützt, aber nicht immer. Dem Vatikan war es ganz und gar nicht recht, dass er in seiner Eigenschaft als Präsident der LILA erklärte, die Verwendung von Präservativen zum Schutz gegen Aids sei ein Akt christlicher Nächstenliebe. Ebenso wenig gefiel es der Kirche, als er an der Seite des damaligen Gewerkschaftschefs Sergio Cofferati im römischen Circo Massimo vor drei Millionen Menschen seine Erfahrungen im Kampf gegen Armut und Ungerechtigkeit so zusammenfasste: »In vierzig Jahren habe ich gelernt, dass eine glückliche Gesellschaft diejenige ist, in der es weniger auf die Solidarität ankommt, weil es mehr Rechte gibt. Güte allein genügt nicht, manchmal ist sie sogar ein Alibi, um die Probleme ungelöst zu lassen. Diese Güte macht uns zu Komplizen eines auf Ungerechtigkeit gegründeten Systems, das einer Handvoll Freiwilliger die Aufgabe überlässt, sich um die Barackensiedlungen zu kümmern, damit sie nicht allzu sehr stören. Die Freiwilligen des Gruppo Abele und von Libera, egal, ob sie katholisch sind oder nicht, bedauern das Leben, das sie gewählt haben, in keiner Weise. Es war genau das, was wir tun wollten. Aber nicht alles, was wir hätten tun können. Man hat immer das Gefühl, den Problemen hinterherzurennen. Es geht darum, mehr Gerechtigkeit zu fordern und nicht als Nächstenliebe anzubieten, was ein Rechtsanspruch sein müsste.«

ZUM SCHLUSS

Zwar konnte sich der Vatikan während der fünfzigjäh-
rigen DC-Herrschaft stets auf die Dienste »seines«
Mannes an den Schalthebeln der politischen Macht verlas-
sen, nämlich auf Giulio Andreotti. Trotzdem kam es immer
wieder zu Auseinandersetzungen mit christdemokratischen
Politikern. Die beiden Regierungschefs der Nachkriegszeit,
bei denen die Kirche am wenigsten Gehör fand, waren
strenggläubige Katholiken: Alcide De Gasperi und Romano
Prodi. Auch mit Aldo Moro kam es im Dezember 1962 zum
Konflikt, als die Regierung eine Dividendensteuer von anfangs 15, später sogar 30 Prozent einführte. Die Vatikan-
lobby forderte vehement, wie unter dem Faschismus von
dieser Steuer befreit zu werden, und brachte die Regierung
zu Fall. Dennoch verlor sie diesen Kampf. Das Gesetz über
die Steuerbefreiung des Vatikans wurde von der neuen Regierung, abermals unter Moro als Ministerpräsident, dem
Parlament nie vorgelegt. Der Gewinn, der der Kirche dadurch entging, war beträchtlich. Aus einer Untersuchung
der Regierung zu diesem Thema, die gleich wieder in den
Mühlen der parlamentarischen Arbeit verschwand, erfuhr
man, dass der Vatikan Mitte der sechziger Jahre Aktien im
Wert von fabelhaften 90 Milliarden Lire (heute ungefähr
776 Millionen Euro) besaß. Diese Summe wurde am 23. Fe-

bruar 1968 von Finanzminister Preti in der Debatte des Auswärtigen Ausschusses bestätigt, als er erklärte, der Heilige Stuhl verfüge (neben einer beeindruckenden Menge von steuerfreien Wertpapieren wie Staatsanleihen und Obligationen) über Aktien im Wert von ungefähr 100 Milliarden Lire mit einem Dividendenertrag von drei bis vier Milliarden jährlich.

Erst ein sozialistischer Ministerpräsident, Bettino Craxi, verhandelte 1984 das Konkordat neu, und zwar mit dem Ergebnis, dass er die wirtschaftlichen Privilegien der Kurie nicht nur nicht antastete, sondern sie im Gegenteil durch die Einführung der »acht Promille« wesentlich erweiterte. Natürlich im Austausch für einige formale Zugeständnisse an die Trennung von Kirche und Staat, um das Ganze als »Reform« verkaufen zu können.

Seit dem Fall der Mauer, der Auflösung des bisherigen Parteiensystems in Italien und dem Beginn der sogenannten »Zweiten Republik« entwickelten sich die Dinge nicht zum Besseren, sondern zum Schlechteren. In der Zeit von 1994 bis 2008, in denen zuerst eine Mitte-Rechts-Koalition und dann eine Mitte-Links-Koalition das Land je sieben Jahre lang regierten, nahmen die ökonomischen Privilegien der katholischen Kirche beständig zu und ebenso die Subventionen für katholische Schulen und Krankenhäuser. Gleichzeitig mischten sich die Bischöfe immer stärker ins öffentliche Leben ein, und katholische Kirchenvertreter kamen im staatlichen Fernsehen immer häufiger zu Wort. Die dritte Regierung Berlusconi lässt auch unter dem Gesichtspunkt der Verteidigung der Laizität des Staates wenig Gutes erhoffen. Schon während des Wahlkampfes zeigte sich der Cavaliere gegenüber den Bischöfen betont unterwürfig und buhlte insbesondere um die Unterstützung von Kardinal Camillo Ruini. Was hatte Berlusconi dafür anzubieten? Eugenio Scalfari, der große alte Mann der linksliberalen Zeitung »La Repubblica«, fasste dies am 30. März 2008 kurz und bündig zusammen: »Nach seinen eigenen Worten wird der Cavaliere Kardinal Ruini zusichern, dass die neue Regierung auf alle Forderungen der Kirche eingeht, und zwar: nichteheliche Lebensgemeinschaften (nie), künstliche Befruchtung (abschaffen), Sterbehilfe (dass Gott bewahre!), Patientenverfügung (siehe oben), Abtreibung (Aufhebung des bestehenden Gesetzes und radikale Neufassung), islamischer Religionsunterricht (verbieten, stattdessen Religionslehre auch an den Universitäten). Falls Sie noch weitere Wünsche haben, Eminenz, tragen Sie diese nur vor, wir werden sie selbstverständlich erfüllen.«

Dieser treffenden Analyse Scalfaris wäre höchstens hinzuzufügen, dass sich die katholische Kirche auf lokaler, nationaler und internationaler Ebene stets vor allem dafür interessiert hat, ihre ökonomischen Privilegien zu behalten, während sie bei ihren moralischen Prinzipien eine gewisse Flexibilität an den Tag legte. Es geht ihr immer ums Geld, wie Ernesto Rossi formuliert hat. Ein Beispiel dafür war die ausgedehnte Debatte darüber, ob die »christlichen Wurzeln« in die Präambel der europäischen Verfassung aufgenommen werden sollten. Außer dem Papst hat kaum ein Vertreter der höheren katholischen Geistlichkeit zu dieser Frage Stellung genommen, die Intellektuelle, Politiker und Medien so lange beschäftigte. Für den Artikel 52 im ersten Teil des neuen Verfassungsvertrages über die Grundlagen der Union dagegen hat die Kirche zäh gekämpft. Der erste Absatz dieses Artikels lautet: »Die Union achtet den Status, den Kirchen und religiöse Vereinigungen oder Gemeinschaften in den Mitgliedstaaten nach deren Rechtsvorschriften genießen, und beeinträchtigt ihn nicht.« Mit dieser Formulierung werden praktisch die von der katholischen Kirche mit den Einzelstaaten abgeschlossenen Konkordate und damit ihre ökonomischen Privilegien festgeschrieben.

In Italien war dies schon Ende der siebziger Jahre geschehen. Während die Kirche durch die Volksentscheide für die Aufrechterhaltung des Scheidungsrechts (1974) und für die Straffreiheit von Abtreibungen (1981) schwere Niederlagen auf der Ebene ihrer moralischen Prinzipien einstecken musste, erzielte die vatikanische Diplomatie auf ökonomischem Gebiet einen wichtigen Erfolg durch die Anerkennung des Konkordats als »internationalem Vertrag«, der damit nicht mehr durch einen Volksentscheid aufgehoben werden konnte. Wenn man nur die ökonomischen Fragen ins Auge fasst, werden die Zusammenhänge klarer. Der praktische Umgang der Regierungen mit den wirtschaftlichen Privilegien der katholischen Kirche ist ein besserer Indikator für echte demokratische Reformen als jede Grundsatzerklärung. Während des ganzen letzten Jahrhunderts haben die großen Reformkräfte Europas die ökonomischen Privilegien der Kirche in Zweifel gestellt und faktisch beschnitten, alle reaktionären Regime haben sie erweitert. Im ersten Fall wurden die Privilegien umso mehr eingeschränkt, je fortschrittlicher die Regierung war, im letzteren dagegen umso mehr ausgedehnt, je konservativer das Regime war. Für Italien stellt sich die Frage, ob es – über vollmundige Ankündigun-

gen hinaus – überhaupt jemals eine fortschrittliche, moder-
nisierende politische Kraft gegeben hat.

Sollte sie doch noch auftauchen, so muss sie zuallererst
an den Toren des Vatikans rütteln.

ANMERKUNG DES AUTORS

Das Buch entstand in Zusammenarbeit mit Carlo Pontesilli und Maurizio Turco. Carlo Pontesilli ist Steuerberater und lebt in Rom. Er hat sich ausführlich mit den Privilegien der Kirche beschäftigt und fördert in Italien und Europa Initiativen für deren Abschaffung. Pontesilli gehört der Radikalen Partei an.

Maurizio Turco ist stellvertretender Vizepräsident der internationalen Organisation der Radikalen Partei, Sekretär der Vereinigung www.anticlericale.net, Abgeordneter der Radikalen Partei im Parlament und war auch Europaabgeordneter.

Für die Untersuchung über die Kosten, die die katholische Kirche dem italienischen Staat verursacht, habe ich viele Bücher und Quellen benutzt. Zwei Bücher waren besonders wichtig für mich, beide stammen aus kirchlichen Kreisen. Vor allem *Finanza bianca. La chiesa, i soldi, il potere* (Die katholischen Finanzen. Die Kirche, das Geld und die Macht) von Giancarlo Galli (Mailand 2004), eine außergewöhnlich scharfsinnige Untersuchung des katholischen Finanzwesens, einschließlich eines ausführlichen Gesprächs mit dem Präsidenten des IOR, Angelo Caloia. Nicht minder wichtig ist das leidenschaftliche Pamphlet *Chiesa padrona. Strapotere, monopolio e ingerenza nel cattolicesimo italiano* (Herrin Kirche. Übermacht, Monopol und Einmischung im italienischen Katholizismus) von Roberto Beretta (Mailand 2006), der für die katholische Zeitung »Avvenire« arbeitet.

Für viele Kapiteln habe ich Quellen der Italienischen Bischofskonferenz benutzt, besonders die ihrer offiziellen Webseiten www.chiesacattolica.it und www.8xmille.it.

Für die Entwicklungspolitik in dem Kapitel über die Wohltätigkeit konnte ich mich auf die ausgezeichnete Arbeit des jungen neapolitanischen Wissenschaftlers William Belisario stützen.

Bei dem Kapitel über Rom hat mir mein Freund und Kollege bei »La Repubblica«, Filippo Ceccarelli, geholfen.

Zum Schluss danke ich Vittorio Messori für seine wertvollen und klugen Ratschläge, auch für die, die ich nicht befolgt habe.

© der deutschen Ausgabe: Verlag Antje Kunstmann GmbH, München 2009
© der Originalausgabe: Giangiacomo Feltrinelli Editore, Mailand 2008
    Die Originalausgabe erschien unter dem Titel *La Questua*.
    Für die deutsche Ausgabe in Abstimmung mit dem Autor bearbeitet.
Umschlaggestaltung: Michel Keller, München, unter Verwendung eines Fotos
von gettyimages
Typografie + Satz: frese-werkstatt.de
Druck + Bindung: Clausen und Bosse, Leck
ISBN 978-3-88897-558-5
1 2 3 4 5 6 • 11 10 09